W0372751

Dialogkarten (mit Lösungsvorschlägen)

Nr.	Titel	Schwerpunkt / Kommunikative Fertigkeiten	Cours intensif		GeR
			Band	Lektion	
1	Au théâtre Le Bout	sich über einen Theaterkurs informieren	1	4	A1
2	Chez Spirou	einen Besuch in einem Comic-Laden planen	1	5	A1
3	Ça va rocker !	über eine Band sprechen	1	5	A1
4	Le rendez-vous VTT	sich über geführte Mountainbike-Touren informieren	1	6	A1
5	Un vélo	einer Verkaufsanzeige die Hauptinformationen entnehmen	1	7	A2
6	C'est les soldes !	einem Schlussverkaufsangebot Detailinformationen entnehmen	1	8	A2
7	Une invitation	über eine Einladungskarte reden	1	8	A2
8	Vacances en Suisse	sich über ein Ferienzentrum für Jugendliche informieren	1	9	A2
9	Soirée disco	über eine Veranstaltung reden	2	1	A2+
10	Un film	einen Kinobesuch planen	2	2	A2+
11	Les Restos du cœur	sich über eine Hilfsorganisation informieren	2	3	A2+
12	Un auteur au collège	über eine Buchautorin sprechen	2	4	A2+
13	Des cours de voile	sich über ein Urlaubsangebot informieren	2	5	A2+
14	Un job d'été	einen Ferienjob organisieren	2	6	A2+
15	Un parc national	einen Aufenthalt im Québec planen	2	7	A2+
16	Dans le chatroom	jemanden über eine Internetanzeige kennen lernen	2	8	A2+
17	Les jeunes en Europe	sich über eine Fernsehsendung informieren	2	8	A2+
18	Découvrez le Maroc !	einem Reiseartikel die Hauptinformationen entnehmen	3	1	B1
19	Une ferme bio	über das Einkaufen von Bio-Produkten reden	3	2	B1
20	Un musée d'histoire	sich über eine Sehenswürdigkeit informieren	3	3	B1
21	Une vidéo sur le lycée	die Teilnahme an einem Schulprojekt besprechen	3	4	B1
22	Des formations	einem Flyer Informationen über eine Bildungsmesse entnehmen	3	5	B1
23	Un stage	einem Praktikumsangebot die Hauptinformationen entnehmen	3	5	B1
24	Une statue	ein Kunstwerk beschreiben	3	8	B1

Rollenspielkarten

Nr.	Titel	Schwerpunkt / Kommunikative Fertigkeiten	Cours intensif		GeR
			Band	Lektion	
1	Un mauvais élève ?	über eine schulische Situation sprechen	1	6	A2
2	Le cours de théâtre	den Besuch eines Theaterkurses diskutieren	1	6	A2
3	Le portable	den Kauf eines Handys verhandeln	1	9	A2
4	Un repas de famille	einen Familienkonflikt lösen	1	9	A2
5	Les vacances	über unterschiedliche Urlaubsvorstellungen diskutieren	1	9	A2
6	Camping ou hôtel ?	sich über die Urlaubsplanung verständigen	2	1	A2+
7	Voisin voisine	ein Streitgespräch mit einem Nachbarn/einer Nachbarin führen	2	3	A2+
8	Au Georges VII	sich über Mängel in einem Hotel beschweren	2	3	A2+
9	Un match de foot	in einem Streitgespräch vermitteln	2	4	A2+
10	Le corres	einem Freund/einer Freundin seine Enttäuschung mitteilen	2	5	A2+
11	Au lit !	sich an das Leben in einer Gastfamilie anpassen	2	5	A2+
12	Une école au Maroc	sich für ein Bildungsprojekt engagieren	2	6	A2+
13	Les baskets	einen Freund/eine Freundin von einem Diebstahl abbringen	2	8	A2+
14	Une leçon d'écologie	über das Umweltverhalten reden	3	2	B1
15	Le casting	eine Stresssituation bewältigen	3	4	B1
16	Mon stage… Bof !	einem/einer Vorgesetzten seine Unzufriedenheit mitteilen	3	5	B1
17	Aïcha	über unterschiedliche Kulturverhältnisse sprechen	3	7	B1
18	La fontaine Stravinski	über Kunst reden	3	8	B1

Diskussionskarten

Nr.	Titel	Schwerpunkt / Kommunikative Fertigkeiten	Cours intensif		GeR
			Band	Lektion	
1	Starvilla	über eine Fernseh-Reality-Show diskutieren	2	8	A2+
2	Le chien	über den Erwerb eines Haustiers reden	3	2	B1
3	Pétrole et plastique	sich zu einem Umweltthema äußern	3	2	B1
4	Jeux vidéo	die Vor- und Nachteile von Videospielen darstellen	3	5	B1
5	Le resto bio	über das Konzept eines neu eröffneten Restaurants sprechen	3	6	B1
6	Les élections	sich über die Bedeutung von Wahlen äußern	3	6	B1
7	Sur l'immigration	die wirtschaftlichen und soziokulturellen Aspekte von Migration erläutern	3	7	B1
8	Vivre en ville	die Vor- und Nachteile des Stadtlebens beschreiben	3	8	B1

Dialogkarten

Für ein erfolgreiches dialogisches Sprechen

Der Einsatz von Dialogkarten im Französischunterricht macht den Lernenden erfahrungsgemäß viel Spaß.
Die farbigen Karten funktionieren nach dem Prinzip des Interviews: Partner A besitzt Informationen, nach denen Partner B mittels vorgegebener Fragebausteine gezielt fragt.

Durch dieses Verfahren führt der Einsatz der Karten zu wirklich kommunikativen Gesprächssituationen, d.h. zu Dialogen, bei denen beide Partner auf unterschiedliche Weise gefordert sind und in denen auch tatsächlich eine Informationsvermittlung stattfindet.

Die Lernenden haben die Aufgabe, aus Bausteinen und kurzen Texten passende Fragen und Antworten zu formulieren, was grammatisches Know-How erfordert. So wird beispielsweise aus den Bausteinen *Pourquoi ★ elle ★ venir ★ collège ?* die Frage *Pourquoi est-ce qu'elle vient au collège ?* gebildet.
Die grammatischen Schwerpunkte, z. B. die Verwendung bestimmter Tempora, ergeben sich aus den kommunikativen Anforderungen der einzelnen Gesprächsanlässe.

Das Foto jedes Kartenpaares gibt beiden Partnern erste Hinweise auf das Thema und bietet außerdem einen motivierenden visuellen Impuls.

Der Einsatz im Unterricht

24 Kartenpaare in der Heftmitte können herausgetrennt und an die Schüler verteilt werden.
Der Schwierigkeitsgrad kann dabei durch die Progression der Kartenpaare (s. Inhaltsverzeichnis) variiert werden.

Meist liegt die größte Schwierigkeit darin, den Lernenden die Angst vor Fehlern zu nehmen. Hier sollte auf jeden Fall mehr Wert auf eine rege und inhaltlich erfolgreiche Kommunikation als auf formale Korrektheit gelegt werden. In Klassen mit wenig Sprecherfahrung sollte darauf deutlich hingewiesen werden. Als Lehrerin oder Lehrer bleiben Sie größtenteils in der Beobachterrolle und stehen gegebenenfalls für Fragen zur Verfügung.

Die Karten können als Teil der Freiarbeit eingesetzt werden, zur Binnendifferenzierung für lernstärkere Schüler dienen, als Vorbereitung auf mündliche Prüfungssituationen oder einfach zwischendurch zur Auflockerung verwendet werden.
Ein kontinuierlicher unterrichtsbegleitender Einsatz der Karten, etwa als ritualisierter Stundeneinstieg, ist ebenfalls möglich, indem man die einzelnen Kartenpaare sukzessive einsetzt.

Rollenspielkarten

In realen Situationen reagieren und interagieren

Die vorliegenden Rollenspielkarten verbinden Lebenswirklichkeit mit spielerischem Agieren. Ziel des Rollenspiels ist es, Alltagssituationen sprachproduktiv zu meistern. Sprachliche Alltagssituationen zeichnen sich dadurch aus, dass zwei Menschen sprachlich interagieren und dabei oft unterschiedliche Auffassungen haben. Hier liegt der Reiz der Rollenspielkarten: Im Rollenspiel werden reale Situationen, Probleme oder Konflikte nachempfunden oder vorausschauend bearbeitet.
Die Lernenden müssen eine Situation, die ihnen tatsächlich begegnen könnte (z. B. im Urlaub, in der Arbeitswelt, im Zusammenleben mit Nachbarn), argumentativ meistern. Dabei übernehmen sie eine Rolle in einer fiktiven, aber realistischen Situation und müssen geeignete Redemittel anwenden.

Die vorliegenden 18 Kartenpaare behandeln ganz unterschiedliche Situationen. Diese betreffen die Themen Schule, Familie, Freunde Freizeit … – Themen, mit denen die Lernenden vertraut sind. Die Zeichnungen verdeutlichen die jeweiligen Rollen. Partner A und B erhalten als Diskussionsgrundlage die gleiche Rahmensituation, allerdings mit unterschiedlichen Standpunkten, Wünschen und Vorstellungen, die zu einem Konflikt führen können. Die Partner lesen ihre jeweilige Situationsbeschreibung zuerst alleine durch, planen dann ihre Vorgehensweise und überlegen sich danach die dazu passenden Argumente, Vorschläge oder Fragen. Anschließend versuchen die Gesprächspartner, gemeinsam einen Kompromiss zu finden. Der Ausgang ist bewusst offen gehalten – wie im wirklichen Leben…

Diskussionskarten

Wortgewandt die eigene Position vertreten

Ziel der Diskussionskarten ist es, die Lernenden in der Bewältigung von Sprechsituationen zu trainieren, die es erfordern, die eigene Meinung zu äußern und argumentativ zu vertreten.
Die Diskussionskarten enthalten sieben verschiedene Situationen mit je drei Sprecherrollen für die Pro- und für die Contra-Seite.
Für einen optimalen Lerneffekt ist es günstig, Sprechsituationen zu schaffen, in denen die Lernenden den Erwerb und die Verwendung neuer Redemittel aus eigenem Antrieb anstreben.

Eine gewisse Identifikation wird in der Arbeit mit den Diskussionskarten dadurch erreicht, dass die Schüler in die von ihnen gewählten Rollen schlüpfen, diese entwickeln und ausbauen, d.h., dass sie auf der inhaltlichen Ebene Argumente sammeln und auf der sprachlichen die dafür passenden Wendungen suchen. Dies kann gut in Form von vorbereitender Gruppenarbeit geschehen, sodass beispielsweise drei bis fünf Schüler die Position einer Rolle erarbeiten und sich dabei gegenseitig helfen. So wird bekannter Wortschatz umgewälzt und neuer gesammelt, beides in Verbindung mit einem thematischen Zusammenhang und einem auch emotionalen Bezug der Schüler zum Ganzen.

Drei der Diskussionskartenpaare sind hypothetische Situationen, deren Themen die Lebenswirklichkeit der Lernenden betreffen (Fernsehen, Haustier, Videospiele) und dadurch Meinungsbildung und Identifikation mit der gewählten Rolle fördern. Die vier anderen Kartenpaare greifen zentrale Themen des Französischunterrichts auf (Umwelt, Politik, Migration, Stadt- vs. Landleben).

Für die Diskussion selbst sind verschiedene Modelle denkbar:

- als Fishbowl-Diskussion, d.h., 6–7 Lernende diskutieren, die anderen bekommen einen Beobachtungsauftrag für eine anschließende Besprechung (Rollenausübung bewerten, Argumente ergänzen oder entkräften, ...);
- alternativ könnte die restliche Klasse als fragendes Publikum direkt intervenieren;
- jede Rolle kann mehrfach besetzt werden;
- Lernende, die dieselbe Rolle erarbeitet haben, wechseln sich während der Diskussion ab.

In jedem Fall bietet es sich an, mindestens eine Moderatorenrolle erarbeiten zu lassen, damit die Steuerung der Diskussion nicht in Lehrerhand bleibt. Hilfreiche Redemittel zur Meinungsäußerung und für die Moderation der Diskussionen finden sich im Anschluss an die Diskussionskarten.

1 UN MAUVAIS ÉLÈVE ? A

Ton/Ta prof de français (il/elle est vache !) donne toujours des exercices super difficiles et tu as des mauvaises notes aux interros. Aujourd'hui, tu as un zéro et ton prof te donne deux heures de colle pour mercredi après-midi. « Comme ça, tu vas faire des exercices de grammaire ! » dit-il. Mais toi, mercredi, tu as d'autres projets… Tu lui expliques que tu apprends tes leçons, mais que tu ne comprends pas tout. C'est ça, le problème.

Ecoutez, mercredi, je…
Est-ce que je peux… ?
Vous dites que…, mais ce n'est pas…
Pour faire des progrès, …

Klett
© Ernst Klett Verlag GmbH, Stuttgart 2010.
Alle Rechte vorbehalten. ISBN 978-3-12-523044-6

1 UN MAUVAIS ÉLÈVE ? B

Vous êtes prof de français dans un collège. Dans une classe, il y a un élève qui n'apprend pas ses leçons et ne fait pas ses devoirs. Vous lui avez donné un zéro à la dernière interro et deux heures de colle. Comme ça, mercredi après-midi, il va faire des exercices de grammaire. Mais à la fin du cours, il veut vous parler…

Qu'est-ce que… ?
Non, mercredi, tu vas…
Il faut… pour…
Je ne comprends pas. Je vous explique toujours…
Ne raconte pas d'histoires ! Le problème, c'est que…

Klett
© Ernst Klett Verlag GmbH, Stuttgart 2010.
Alle Rechte vorbehalten. ISBN 978-3-12-523044-6

2 LE COURS DE THÉÂTRE A

Tu veux faire du théâtre à la MJC le mercredi après-midi, mais tes parents veulent que tu travailles pour le collège. Tu as des mauvaises notes partout et tu ne comprends pas les maths. Tu vas devoir prendre des cours avec un prof pour faire des progrès.
Toi, tu veux être acteur/actrice et le collège, ça ne t'intéresse pas. Nous sommes mardi soir, les cours de la MJC commencent demain, et ton père/ta mère veut discuter…

J'adore…
S'il te plaît, …
C'est vrai, en maths…
Je comprends, mais…
Je propose…

Klett
© Ernst Klett Verlag GmbH, Stuttgart 2010.
Alle Rechte vorbehalten. ISBN 978-3-12-523044-6

2 LE COURS DE THÉÂTRE B

Vous êtes la mère/le père d'un garçon/d'une fille de 15 ans. Il/Elle veut faire du théâtre à la MJC le mercredi après-midi, mais ses notes sont mauvaises parce qu'il/elle ne travaille pas au collège. Il/Elle veut être acteur/actrice, mais pour vous, ce n'est pas un vrai travail.
Vous avez trouvé un prof de maths (parce qu'en maths, c'est la cata !) très sympa pour lui donner des cours le mercredi après-midi. Il va aider votre fils/fille à travailler et à faire des progrès au collège pour apprendre un vrai travail.
Vous expliquez cela à votre fils/fille.

Ecoute-moi, il faut d'abord…
En maths, …
Alors avec un prof… Tu as une autre… ?
En plus, le prof…
Et tu peux…
Dans un an, peut-être…

Klett
© Ernst Klett Verlag GmbH, Stuttgart 2010.
Alle Rechte vorbehalten. ISBN 978-3-12-523044-6

3 LE PORTABLE A

C'est trop nul : au collège, tous tes copains ont un portable, mais pas toi, parce que tes parents ne veulent pas. Mais eux, ils ont aussi un portable !
Avec un portable, tu peux discuter avec tes copains ou écrire des SMS, ce n'est pas cher. Tu peux aussi téléphoner à la maison quand tu as un problème, et tes parents peuvent te téléphoner quand ils veulent. Et avec un portable, tu es comme tous les autres au collège. Tu expliques tout cela à ton père/ta mère.

C'est nul ! Vous..., mais...
Alors je ne comprends pas pourquoi moi, je...
Pourquoi est-ce que vous...
Avec un portable, je... et vous...
Je veux être...

© Ernst Klett Verlag GmbH, Stuttgart 2010.
Alle Rechte vorbehalten. ISBN 978-3-12-523044-6

3 LE PORTABLE B

Oh là là ! Votre fils/fille veut un portable ! Vous lui dites que vous n'êtes pas d'accord : toute la journée, il/elle va téléphoner à ses copains ou répondre à ses messages et il/elle ne va plus faire ses devoirs. En plus, il/elle veut un portable très cher qui fait des photos, qui a Internet, etc. Un portable, ce n'est pas pour s'amuser ! Vous avez lu aussi que quand on téléphone trop souvent avec un portable, on peut être malade. Et ça, c'est un très gros problème.

Je sais : au collège, ... Mais...
Je vais t'expliquer pourquoi...
Il ne faut pas faire tout comme...
Tu n'es pas d'accord, mais...

© Ernst Klett Verlag GmbH, Stuttgart 2010.
Alle Rechte vorbehalten. ISBN 978-3-12-523044-6

4 UN REPAS DE FAMILLE A

Pour l'anniversaire de ton père, toute la famille est venue chez toi. Ta mère a préparé un très bon repas. Mais au dessert (un gâteau au chocolat), scandale ! Ta cousine Lou, qui a six ans, demande à ton frère/ta soeur : « Pourquoi tu es gros(se) ? Tu manges trop de chocolat ? ». Ton frère/Ta soeur fait la tête et décide de ne plus rien manger. Il/Elle craque... Tes parents discutent et n'ont pas entendu la question de Lou. Tu dois faire quelque chose, alors tu parles à ton frère/ta soeur.

Tu sais, Lou est...
Il ne faut pas...
Moi, j'ai vu : tu as...
Pourquoi est-ce que tu... ?
C'est dommage ! Le... est...

© Ernst Klett Verlag GmbH, Stuttgart 2010.
Alle Rechte vorbehalten. ISBN 978-3-12-523044-6

4 UN REPAS DE FAMILLE B

Pour l'anniversaire de ton père, toute la famille est venue chez toi. Ta mère a préparé un très bon repas. Mais au dessert (un gâteau au chocolat), scandale ! Ta cousine Lou, qui a six ans, te demande : « Pourquoi tu es gros(se) ? Tu manges trop de chocolat ? ». Cette fille est une peste ! Tu n'es pas gros(se), tu aimes manger, c'est tout ! Mais là, tu ne veux plus rien. Pas de dessert, rien. Ton frère/Ta soeur te parle.

Je ne suis pas... !
Ah bon ? Oui, c'est vrai, j'aime...
Mais je ne fais pas de..., je peux...
Maintenant, je n'ai plus...
Oui, je sais. Bon, je vais...
Merci. Tu es...

© Ernst Klett Verlag GmbH, Stuttgart 2010.
Alle Rechte vorbehalten. ISBN 978-3-12-523044-6

5 LES VACANCES A

Pour toi, les vacances, c'est dormir jusqu'à midi, manger l'après-midi, et ÊTRE AVEC LES COPAINS : aller à la plage, faire du surf, aller au ciné ou faire la fête avec eux.
Pour tes parents, les vacances c'est FAIRE TOUT EN FAMILLE : ne pas se lever trop tard pour prendre le petit-déjeuner tous ensemble, manger à midi, aller à la plage, jouer au Monopoly le soir… en famille !
Donne à ton père/ta mère des idées pour passer de bonnes vacances en famille ET avec les copains.

On doit discuter ! Je…
Pour moi, les vacances…
Je vous adore, mais…
Je te propose de…

Klett © Ernst Klett Verlag GmbH, Stuttgart 2010. Alle Rechte vorbehalten. ISBN 978-3-12-523044-6

5 LES VACANCES B

Pour vous, les vacances, c'est ÊTRE EN FAMILLE et passer toute la journée avec vos enfants : prendre vos repas, aller à la plage, faire les courses, jouer au Monopoly le soir, tout cela avec eux.
Pour votre fils/fille, les vacances, c'est : dormir jusqu'à midi, manger l'après-midi et FAIRE TOUT AVEC LES COPAINS : plage, surf, ciné, etc.
Comment passer de bonnes vacances tous ensemble ? Difficile… Votre fils/fille veut discuter avec vous.

Je veux bien discuter, mais…
Tu passes tes vacances avec nous, alors…
Les vacances, c'est le moment pour…
Je veux bien, mais tu dois…

Klett © Ernst Klett Verlag GmbH, Stuttgart 2010. Alle Rechte vorbehalten. ISBN 978-3-12-523044-6

6 CAMPING OU HÔTEL ? A

Ton copain/Ta copine et toi voulez partir en vacances ensemble. Toi, tu aimes faire du sport pendant les vacances. Tu veux faire de la randonnée, du vélo, visiter des villes et aller dans un camping. Tu as même déjà acheté une tente. Ton copain/Ta copine, elle, veut seulement aller à la plage et dormir à l'hôtel. Sur Internet, vous essayez de trouver un endroit où vous avez envie d'aller tous les deux.

Quand je…, je ne me sens pas bien.
Dans un camping, on peut… Et ce n'est pas…
Il faut aller dans un endroit où…
Bon, j'ai une idée : …

Klett © Ernst Klett Verlag GmbH, Stuttgart 2010. Alle Rechte vorbehalten. ISBN 978-3-12-523044-6

6 CAMPING OU HÔTEL ? B

Oh là là ! Ton copain/Ta copine et toi avez décidé de passer des vacances ensemble. Mais il/elle est très sportif/sportive et toi, tu veux seulement te reposer : beaucoup dormir et passer la journée à la plage. En plus, il/elle a acheté une tente, mais tu détestes le camping ! Tout ce que tu veux, c'est être à la mer et trouver un petit hôtel sympa et pas cher sur Internet. Alors tu dois te mettre d'accord avec lui/elle.

Tu sais, je suis très fatigué(e) parce que…
Je ne peux pas…
En plus, je n'aime pas l'ambiance…
Je préfère… : c'est…

Klett © Ernst Klett Verlag GmbH, Stuttgart 2010. Alle Rechte vorbehalten. ISBN 978-3-12-523044-6

7 VOISIN VOISINE A

Votre nouvelle voisine est impossible : elle ne dit jamais bonjour, elle fait toujours beaucoup de bruit parce qu'elle rentre tard chez elle et écoute encore de la musique ou regarde la télé pendant des heures. En plus, vous entendez son chien même la nuit. Vous ne pouvez plus dormir. Hier, vous avez sonné chez elle, mais elle n'a pas ouvert la porte.
Vous craquez, mais vous voulez essayer de discuter avec elle parce que vous n'avez pas envie de déménager. Vous lui avez donné rendez-vous ce soir.

Bonjour, je voulais vous parler parce que…
Le problème, c'est que… Et je ne supporte pas…
Je ne peux pas rester calme quand…
Je ne peux pas continuer…
Et hier, pourquoi… ?

Klett
© Ernst Klett Verlag GmbH, Stuttgart 2010.
Alle Rechte vorbehalten. ISBN 978-3-12-523044-6

7 VOISIN VOISINE B

Votre nouveau voisin est fou : hier, il a sonné chez vous pendant la nuit. Vous étiez crevé(e) et n'avez pas voulu ouvrir.
En plus, il est bizarre et vous avez un peu peur de lui. Il déteste les chiens et s'énerve tout de suite quand il entend de la musique ou le bruit de l'ascenseur.
Ce matin, il a laissé une lettre sous votre porte : « Rendez-vous ce soir à 19 h, nous devons parler ». Maintenant, vous allez au rendez-vous parce que vous aussi, vous voulez discuter.

Bonjour ! Merci pour votre lettre, je…
Ecoutez, le soir, je…
Il faut respecter…
Vous savez que l'ascenseur…
Hier, vous… Alors moi, j(e)…
Si vous voulez, je peux… Mais vous, vous devez…

Klett
© Ernst Klett Verlag GmbH, Stuttgart 2010.
Alle Rechte vorbehalten. ISBN 978-3-12-523044-6

8 AU GEORGES VII A

Tu passes un week-end à Paris avec tes parents. Quand tu as réservé l'hôtel sur Internet, tu as lu qu'on pouvait aller vite à Montmartre à pied. Mais il faut deux heures ! En plus, ce matin, il n'y avait pas un buffet, mais seulement un café et du pain pour le petit-déjeuner ! Et ce ne sont pas les seuls problèmes de cet hôtel : vous êtes au 7e étage et l'ascenseur ne fonctionne pas. On n'a pas fait le ménage dans les chambres depuis des mois et dans la salle de bains, la douche envoie de l'eau partout. Tes parents te demandent de parler au propriétaire.

Bonjour, monsieur. Ecoutez, nous ne sommes pas… parce que…
Sur Internet, … Mais…
Et il y a d'autres problèmes : …
Quelle solution est-ce que…. ? Nous ne pouvons pas…

Klett
© Ernst Klett Verlag GmbH, Stuttgart 2010.
Alle Rechte vorbehalten. ISBN 978-3-12-523044-6

8 AU GEORGES VII B

Vous êtes le propriétaire d'un petit hôtel parisien. Vous savez que votre hôtel n'est pas au top, mais vous n'avez pas beaucoup de clients et avez de gros problèmes d'argent. Alors vous ne pouvez pas rénover les chambres… Hier, une famille allemande est arrivée et ce matin, le fils/la fille vient vous voir. Il/Elle n'a pas l'air content…

Pour aller à Montmartre, vous pouvez…
Vous savez, l'hôtel n'est pas cher, alors…
Oui, je sais, les chambres sont…
En ce moment, c'est très difficile pour moi : …
Je vous propose de…

Klett
© Ernst Klett Verlag GmbH, Stuttgart 2010.
Alle Rechte vorbehalten. ISBN 978-3-12-523044-6

9 UN MATCH DE FOOT A

Tu es en train de regarder un match de foot avec un copain/une copine. Votre équipe, les Tigres noirs, joue très bien. Ton copain/Ta copine est super content(e). Il/Elle crie : « Allez les Tigres, les autres sont trop nuls ! ». Oups ! Le garçon à côté de lui/d'elle est fan de l'autre équipe, les Lions rouges. Et ton copain/ta copine commence à l'énerver. Ils vont se disputer… Est-ce que tu peux les calmer ?

Arrêtez, c'est seulement… !
Pourquoi… ? Les deux équipes…
La violence, ce n'est pas… Vous devez vous calmer et respecter…
Toi, tu dois… Et toi, tu dois…
Allez ! On va…

Klett

© Ernst Klett Verlag GmbH, Stuttgart 2010.
Alle Rechte vorbehalten. ISBN 978-3-12-523044-6

9 UN MATCH DE FOOT B

Tu es fan des Lions rouges et ton père t'a offert une place pour un match de foot avec eux. Mais la place est à côté des fans de l'autre équipe, les Tigres noirs. Et ce sont eux les meilleurs, ce soir ! A côté de toi, un(e) imbécile critique ton équipe et crie : « Allez les Tigres, les autres sont trop nuls ! ». Non, un vrai fan ne peut pas accepter ça ! Tu es en colère et as envie de crier qu'il/elle te casse les pieds, mais un autre garçon/une autre fille te parle… Réponds-lui !

Qu'est-ce que tu veux ? Je ne supporte pas…
D'accord, ton copain/ta copine…, mais il/elle n'a pas le droit de…
Ce match est très… pour…
Ils ne sont pas… et ils ne vont pas… !

Klett

© Ernst Klett Verlag GmbH, Stuttgart 2010.
Alle Rechte vorbehalten. ISBN 978-3-12-523044-6

10 LE CORRES A

Tu es super content(e) : après-demain, ton correspondant français arrive ! Quand tu étais chez lui, vous êtes devenus très amis. Alors tu as très envie de le revoir. Ta famille et toi, vous avez préparé la chambre où il va dormir et vous vous êtes organisés pour les activités, les excursions…
Mais aujourd'hui, il t'envoie un mail : il ne vient pas ! Il préfère aller dans une autre famille, chez le corres de son copain Loïc ! C'est trop nul ! Téléphone-lui.

C'est dommage ! Je…
Notre amitié, ça… pour toi ?
Ici, on a…
Tu es sûr que…
Tu peux encore réfl échir et…

Klett

© Ernst Klett Verlag GmbH, Stuttgart 2010.
Alle Rechte vorbehalten. ISBN 978-3-12-523044-6

10 LE CORRES B

Tu pars bientôt en en Allemagne, normalement, chez ton/ta correspondant/e. Mais chez le corres de ton copain Loïc, il y a tous les nouveaux jeux vidéo ! Normal : son père travaille pour Gamestar, et ce travail, c'est ton rêve. Alors le corres de Loïc t'a invité aussi chez lui, ses parents sont d'accord ! C'est cool, tu vas pouvoir essayer tous les jeux, et le père va t'expliquer son travail ! Mais maintenant, il faut le dire à ton/ta corres. Tu lui as envoyé un mail, mais il/elle t'appelle…

Excuse-moi, …
Je sais, tu dois…
Je me rends compte que…
Tu comprends, …
Mais on peut…

Klett

© Ernst Klett Verlag GmbH, Stuttgart 2010.
Alle Rechte vorbehalten. ISBN 978-3-12-523044-6

11 AU LIT ! A

Tu trouves que le père/la mère de ton/ta corres n'est vraiment pas cool : tu dois aller te coucher tous les soirs à 22 heures, ce n'est pas une vie ! Aujourd'hui, on est mercredi et tu veux enfin pouvoir sortir. Ce soir, tous tes copains allemands vont au ciné et tu veux rentrer à 23 heures. Comme tu restes encore une semaine chez ton/ta corres, tu ne veux pas te disputer avec son père/sa mère. Alors tu essaies de lui expliquer ta situation… Bonne chance !

Ecoutez, moi, je ne peux pas…
Mes copains…
Je comprends, mais…
Vous êtes trop sévère. Vous savez, mes parents, eux,…

Klett © Ernst Klett Verlag GmbH, Stuttgart 2010.
Alle Rechte vorbehalten. ISBN 978-3-12-523044-6

11 AU LIT ! B

Le/La correspondant/e de votre enfant veut tout faire comme s'il/si elle avait 20 ans. Mais il/elle en a 15 ! Avec votre fils/fille, les règles sont simples : quand il y a école, il ne sort pas le soir. Ce soir, le/la corres veut aller au ciné, mais on est mercredi. Le week-end et pendant les vacances, on peut se lever tard, alors on peut aussi se coucher plus tard. Mais pas pendant la semaine ! Et puis, le/la corres peut aller avec votre fils/fille cette après-midi au ciné… Vous voulez lui expliquer tout cela gentiment. Bon courage !

Pourquoi est-ce que tu… ? Tu peux…
Ici, nous…
En France, ce sont les parents qui…
Tu dois comprendre : pour moi,…

Klett © Ernst Klett Verlag GmbH, Stuttgart 2010.
Alle Rechte vorbehalten. ISBN 978-3-12-523044-6

12 UNE ÉCOLE AU MAROC A

Tu participes à un projet international au Maroc : avec d'autres jeunes de différents pays francophones, tu donnes des cours de français dans un village où une école vient d'ouvrir.
Aujourd'hui, tu as rendez-vous avec monsieur Hakim, qui veut que son fils Tarek arrête les cours. Il est venu avec un voisin qui parle bien français et joue l'interprète. Tu expliques pourquoi Tarek doit absolument continuer l'école et vous cherchez ensemble des solutions.

Bonjour, monsieur. Qu'est-ce qui… ? Pourquoi… ?
Oui, je connais les problèmes…
Mais l'école, c'est… Tarek doit… pour…
Si Tarek peut au moins…, … Moi, je peux aussi…
A mon avis, c'est…

Klett © Ernst Klett Verlag GmbH, Stuttgart 2010.
Alle Rechte vorbehalten. ISBN 978-3-12-523044-6

12 UNE ÉCOLE AU MAROC B

Vous habitez au Maroc et êtes un voisin de monsieur Hakim, qui est agriculteur. Son fils Tarek va à l'école qui vient d'ouvrir dans votre village. Des jeunes qui participent à un projet international y donnent des cours de français.
Au début, monsieur Hakim était content pour son fils, mais maintenant, il pense que ça serait mieux si Tarek pouvait l'aider dans son travail. Il veut qu'il arrête les cours et, comme vous parlez bien français, il vous demande d'aller avec lui à l'école pour expliquer la situation.
Vous faites l'interprète.

Bonjour, monsieur/madame. Je suis… et monsieur Hakim…
Comme vous le savez, il est… C'est un métier…
La famille est très… et tout le monde…
Monsieur Hakim n'a pas le… : …
D'accord, je vais…

Klett © Ernst Klett Verlag GmbH, Stuttgart 2010.
Alle Rechte vorbehalten. ISBN 978-3-12-523044-6

13 LES BASKETS A

Vous faites du shopping avec un copain/une copine dans un grand magasin. Votre copain/copine voit des baskets qu'il/elle trouve géniales. Mais ce sont des baskets de marque et elles sont très chères.
Votre copain/copine vous dit qu'il/elle n'a pas assez d'argent pour les acheter, mais qu'il/elle veut absolument les avoir. Il/Elle veut les voler ! Vous lui expliquez que c'est une très mauvaise idée.

Ecoute, tu ne peux pas...
On va te... et tu vas devoir aller...
A la sortie du magasin, ...
Pourquoi est-ce que tu ne choisis pas... ?
Regarde, là, il y a...

Klett
© Ernst Klett Verlag GmbH, Stuttgart 2010.
Alle Rechte vorbehalten. ISBN 978-3-12-523044-6

13 LES BASKETS B

Vous faites du shopping avec un copain/une copine dans un grand magasin et voyez des baskets que vous trouvez super. Le problème : comme ce sont des baskets de marque, elles sont très chères.
Vous avez fait des économies, mais ça ne suffit pas pour les acheter. Vous ne pouvez plus garder vos vieilles baskets, qui ne sont plus du tout à la mode. Sans ces nouvelles baskets, vous ne vous sentirez pas bien dans votre peau, parce que vous ne serez pas cool : la plupart des jeunes de votre lycée ont ces baskets ! Alors vous dites à votre copain/copine que vous pouvez les voler. Personne ne le verra !

Tu comprends, j(e)...
Il y a beaucoup de monde, alors... Je vais les mettre...
Non, il n'y a que ces baskets qui...
Tu crois vraiment que...
Bon, je peux encore réfl échir et...

Klett
© Ernst Klett Verlag GmbH, Stuttgart 2010.
Alle Rechte vorbehalten. ISBN 978-3-12-523044-6

14 UNE LEÇON D'ÉCOLOGIE A

Tu es animateur/animatrice dans un centre de vacances. Ce matin, tu as trouvé des morceaux de papier dans le parc. Et tu sais que le groupe des 13/15 ans était dans le parc hier après-midi. Tu vas devoir leur expliquer qu'ils doivent mettre leurs déchets à la poubelle et leur donner une leçon d'écologie !

Ce matin, j'ai...
Vous savez que...
Si vous ne trouvez pas de..., vous...
Vous connaissez les conséquences...
Hier, il a plu, mais pas longtemps. Vous auriez dû...
J'espère que...

Klett
© Ernst Klett Verlag GmbH, Stuttgart 2010.
Alle Rechte vorbehalten. ISBN 978-3-12-523044-6

14 UNE LEÇON D'ÉCOLOGIE B

Tu es dans un centre de vacances avec d'autres jeunes de ton âge. Hier, dans le parc, vous avez fait un jeu avec des questions que vous deviez écrire sur des morceaux de papier. C'était marrant... jusqu'à ce qu'il pleuve ! Vous êtes vite rentrés... et avez laissé les papiers dans le parc. Ce matin, un animateur/une animatrice les a trouvés. Il est en colère... Vous lui expliquez ce qui s'est passé.

On sait qu'il faut...
Mais on faisait... Et puis...
On aime aussi... Et d'habitude, on fait... !
C'est vrai, on a oublié de...
La prochaine fois,...

Klett
© Ernst Klett Verlag GmbH, Stuttgart 2010.
Alle Rechte vorbehalten. ISBN 978-3-12-523044-6

15 LE CASTING A

C'est génial : un réalisateur/une réalisatrice cherche des jeunes pour son nouveau film ! Et ton rêve, c'est de devenir acteur/actrice ! Tu prends des cours de théâtre depuis cinq ans, tu as déjà joué dans des petits films amateurs, des courts métrages, et tu apprends très vite les textes. En plus, tu adores les films du réalisateur/de la réalisatrice. Alors tu participes au casting, que tu veux absolument réussir. Mais catastrophe : tu es très stressé(e) et tu n'arrives pas à dire ton texte. Tu l'as oublié !

Je suis désolé(e) ! D'habitude, je...
Croyez-moi, c'est parce que...
S'il vous plaît, donnez-moi...
Je peux peut-être...

Klett
© Ernst Klett Verlag GmbH, Stuttgart 2010.
Alle Rechte vorbehalten. ISBN 978-3-12-523044-6

15 LE CASTING B

Vous êtes réalisateur/réalisatrice de films. Pour votre nouveau long métrage, vous cherchez des jeunes d'âges et d'origines différents. Le problème, c'est que souvent, les jeunes pensent qu'ils sont bons, alors que souvent, ils ne savent même pas leur texte ! Comme ce jeune homme/cette jeune fille qui se présente en ce moment : il/elle est mignon/mignonne, a un joli sourire, il/elle dit qu'il/elle prend des cours depuis cinq et qu'il/elle a de l'expérience, mais il/elle ne connaît pas son texte. Vous êtes déçu(e) et énervé(e)...

Ecoute, moi, je dois décider aujourd'hui et...
Avec les jeunes, c'est souvent...
Etre acteur, ce n'est pas un métier...
Est-ce que tu pourrais... ?

Klett
© Ernst Klett Verlag GmbH, Stuttgart 2010.
Alle Rechte vorbehalten. ISBN 978-3-12-523044-6

16 MON STAGE... BOF ! A

Tu fais des études de commerce international et tu es en stage dans le service export d'une entreprise. Mais ce stage n'est pas intéressant du tout : ton/ta chef te demande de ranger des dossiers, de lui apporter son café, de faire des photocopies... En plus, vos relations sont très mauvaises car il/elle n'est ni sympa ni patient(e) avec toi. Ce stage fait partie de ta formation et il est important pour obtenir ton diplôme. Tu dois parler au/à la chef...

Monsieur/Madame, je voudrais...
Je suis ici pour..., mais je n(e)... rien parce que...
Vous pouvez comprendre que...
Alors j'aimerais que...
Est-ce que, par exemple, je pourrais... ?

Klett
© Ernst Klett Verlag GmbH, Stuttgart 2010.
Alle Rechte vorbehalten. ISBN 978-3-12-523044-6

16 MON STAGE... BOF ! B

Encore un stagiaire ! Depuis le début de l'année, c'est le onzième qu'on vous envoie ! Vous êtes furieuse/furieuse parce que vous en avez marre d'être responsable des stagiaires. Vous avez autre chose à faire ! Vous ne pouvez pas gérer les exportations et vous occuper des stagiaires en même temps, ça demande beaucoup trop de temps. En plus, le dernier stagiaire ne faisait que des bêtises, alors vous n'avez plus envie de perdre votre temps.

Qu'est-ce que vous... ? Je...
Votre travail ne vous... ? Dans le monde du travail, on...
Ecoutez, moi, je n'ai rien demandé : ...
En ce moment, nous...
Bon, si vous voulez, vous...

Klett
© Ernst Klett Verlag GmbH, Stuttgart 2010.
Alle Rechte vorbehalten. ISBN 978-3-12-523044-6

B

A

B

A

1 AU THÉÂTRE LE BOUT A

Jouez les stars !

Vous voulez faire du théâtre ? Etre acteur de cinéma ?
Alors jouez d'abord sur scène !
Nous proposons des cours de théâtre pour apprendre tous les secrets des stars.

- Théâtre Le Bout, 62 rue Pigalle (Métro Pigalle)
- Atelier jeunes : mercredi de 14 h à 17 h
- De 13 à 17 ans

© Ernst Klett Verlag GmbH, Stuttgart 2010.
Alle Rechte vorbehalten. ISBN 978-3-12-523044-6

1 AU THÉÂTRE LE BOUT B

Une affiche dans le métro à Paris pour « jouer les stars »

L'affiche, là, ★ ?
On ★ avec des stars ?
C'est ★ ! Et ★ où ?
★ quand ?
A ★ heure ?
★ frère ★ 12 ans ★ adorer ★ théâtre ★ aller ★ ?

© Ernst Klett Verlag GmbH, Stuttgart 2010.
Alle Rechte vorbehalten. ISBN 978-3-12-523044-6

2 CHEZ SPIROU A

Vous adorez les BD ? Alors bienvenue chez Spirou ! Spirou, c'est LE magasin de la BD dans le quartier Bastille. Chez nous, vous trouvez beaucoup de BD, mais aussi des livres sur la BD. Nous sommes devant la station de métro Ledru-Rollin.

Horaires d'ouverture :
de 10 h à 19 h du lundi au samedi

Cette semaine :

- Mercredi : 50 % sur les Titeuf !
- Samedi : rencontre avec Fanny Joly (17 h–19 h) !

© Ernst Klett Verlag GmbH, Stuttgart 2010.
Alle Rechte vorbehalten. ISBN 978-3-12-523044-6

2 CHEZ SPIROU B

Un flyer

★ flyer ★ magasin ?
Comment ★ il ★ ?
★ seulement ★ BD ?
Où ★ ?
★ midi et demi ★ est-ce qu(e) ★ pause ★ midi ?
★ d'autres informations ★ ?
★ ! Alors pour un autographe, ★ ?
Moi, j(e) ★ aimer ★, et toi ?
Alors quand est-ce qu(e) ★ ?

© Ernst Klett Verlag GmbH, Stuttgart 2010.
Alle Rechte vorbehalten. ISBN 978-3-12-523044-6

B

A

B

A

3 ÇA VA ROCKER ! A

Les Supernanas en concert !

Après leur premier CD « Pas de garçons », les trois filles du groupe Supernanas vont rocker pour vous…

samedi 10 avril
à 20 h 30

… et présenter des chansons en exclusivité !

Venez chanter, crier et danser !

Surprise pour les garçons à la dernière chanson ☺ !
MJC Mercoeur – 4 rue Mercoeur – 75011 Paris

© Ernst Klett Verlag GmbH, Stuttgart 2010.
Alle Rechte vorbehalten. ISBN 978-3-12-523044-6

3 ÇA VA ROCKER ! B

Une affiche pour un concert à la MJC

Regarde, ★ ! C'est ★ !
★ bonne musique ?
Pourquoi ★ CD ★ s'appeler ★ « Pas de garçons » ?
★ marrantes ?
★ surprise ★ garçons ? Une ★ ou une ★ surprise ?
Bon, ★ quand ?
Ecoute, moi ★ avoir le temps ★ toi ?

© Ernst Klett Verlag GmbH, Stuttgart 2010.
Alle Rechte vorbehalten. ISBN 978-3-12-523044-6

4 LE RENDEZ-VOUS VTT A

Rendez-vous VTT : c'est parti !

Salut ! Nous sommes cinq jeunes du collège Anne Frank et nous cherchons d'autres jeunes pour faire du VTT.

Au programme :	tour de deux heures dans le bois de Vincennes
Rendez-vous :	le samedi matin à 10 h 30 Porte de Charenton
Animateur :	monsieur Duclos (prof de sport 4e B et D)

Vous aussi, vous avez envie de faire du VTT ?
Alors venez avec nous !

© Ernst Klett Verlag GmbH, Stuttgart 2010.
Alle Rechte vorbehalten. ISBN 978-3-12-523044-6

4 LE RENDEZ-VOUS VTT B

Une annonce au collège

★ c'est, ce rendez-vous VTT ?
★, j'adore ★ ! Toi ★ ?
Où est-ce qu'ils ★ ?
Quand et où ★ ?
Et l'animateur, ★ ?
Un ★ ? Bof…
Bon, alors ★ ?

© Ernst Klett Verlag GmbH, Stuttgart 2010.
Alle Rechte vorbehalten. ISBN 978-3-12-523044-6

B

A

B

A

5 UN VÉLO A

Vélo pas cher

Salut ! Je déménage dans trois semaines en Chine et je ne peux pas prendre mon vélo avec moi.
Alors si tu cherches un vélo pas très vieux (un an) et pas cher (75 €) tu peux téléphoner au 06 08 96 44 02.
Je viens au collège en vélo tous les jours, si ça t'intéresse, tu peux le voir à la récré.

VTT, marque : Décatron, couleur : vert

Klett
© Ernst Klett Verlag GmbH, Stuttgart 2010.
Alle Rechte vorbehalten. ISBN 978-3-12-523044-6

5 UN VÉLO B

Une annonce au collège

★ voir ★ ?
Simon ★ chercher ★, non ? ★ pour garçon ?
Alors ★ dire à ★ cher ?
★ voir ?
★ numéro ?
★ d'autres informations ?
Bon, ★ appeler ★ il ★ l'essayer ★ plaît

Klett
© Ernst Klett Verlag GmbH, Stuttgart 2010.
Alle Rechte vorbehalten. ISBN 978-3-12-523044-6

6 C'EST LES SOLDES ! A

Soldes chez Fripes & Fringues

Fripes & Fringues, votre magasin préféré, fait des soldes ! C'est le moment d'acheter des t-shirts branchés et pas chers !

- Toutes les tailles
- 20, 30 ou 50 % sur les t-shirts Kakoo, Jade, Tim Tom… et sur beaucoup d'autres marques !
- Seulement pendant les deux premières semaines de juin !

Fripes & Fringues, 52 rue Bachelet, 75018 Paris

Klett
© Ernst Klett Verlag GmbH, Stuttgart 2010.
Alle Rechte vorbehalten. ISBN 978-3-12-523044-6

6 C'EST LES SOLDES ! B

Une annonce d'un magasin de vêtements

Tu es déjà ★ dans ★ ?
Que ★ ?
Ah, ça ★ ! Tous les ★ soldes ?
Et il y a ★ de marque ?
★ ! Mais je ★ être ★ en maths ★ 20 % sur 20 euros, ★ ?
Et toi, ★ marque préférée ?
★ pendant ★ temps ?
★ la semaine prochaine ! ★ l'adresse ?

Klett
© Ernst Klett Verlag GmbH, Stuttgart 2010.
Alle Rechte vorbehalten. ISBN 978-3-12-523044-6

B

A

B

A

7 UNE INVITATION A

C'est mon anniversaire !

Dans dix jours, j'ai 15 ans. Et je veux faire la fête ! Si toi aussi, tu as envie de danser toute la nuit (jusqu'à 23 heures ☺), viens chez moi :

- le samedi 12 mars à 18 heures
- au 4 rue Laissac
- Pour une idée de cadeau : pas de CD (j'en ai déjà trop). Demande à Chris !

S'il te plaît, donne-moi ta réponse avant mercredi 9 mars !
Sandra, 06 30 42 87 77, sandychérie@yahoo.fr

P.S. Mon père fait des super gâteaux, et moi, une très bonne tarte aux pommes !

Klett
© Ernst Klett Verlag GmbH, Stuttgart 2010.
Alle Rechte vorbehalten. ISBN 978-3-12-523044-6

7 UNE INVITATION B

Une carte d'invitation

★ quoi ?
★ qui ?
★ âge ?
★ quand ?
★ habiter ★ ?
★ aller ★ ?
★ idée ★ cadeau ?
★ écrire, là ?
★ bien manger ! Tu ★ penser ★ m'inviter ?

Klett
© Ernst Klett Verlag GmbH, Stuttgart 2010.
Alle Rechte vorbehalten. ISBN 978-3-12-523044-6

8 VACANCES EN SUISSE A

La Suisse, c'est le rêve pour les vacances !

Tu veux visiter un nouveau pays cet été ? Un pays avec des vraies montagnes, des beaux lacs… ? Tu veux être avec des jeunes de ton âge ? Faire de la rando, du sport (rafting, natation…) ? Manger du bon fromage, du bon chocolat ? Alors viens en Suisse ! Farid, Jérémy et Marion t'attendent au centre de vacances de Gruyère. Avec ces super animateurs, tu vas passer des vacances de rêve !

- **Juillet/août : 590 CHF (= 450 EUR) ; repas et activités inclus**
- **Chambres de trois à cinq lits**
- **Pour plus d'informations : info@gruyere.com**

Klett
© Ernst Klett Verlag GmbH, Stuttgart 2010.
Alle Rechte vorbehalten. ISBN 978-3-12-523044-6

8 VACANCES EN SUISSE B

Une affiche à la MJC

★ voyage ★ affiche ?
★ déjà aller ★ parents ★ Et là, ★ jeunes ★ animateurs ?
★ activités ★ proposer ?
★ tu ★ aimer ★ sport ★ bien pour toi !
★ où ★ ?
★ ça doit être ★ ! ★ combien ?
★ venir avec ★ chambre ensemble ★ numéro ★ ?
Ecoute, ★ écrire ★ demander ★ parents

Klett
© Ernst Klett Verlag GmbH, Stuttgart 2010.
Alle Rechte vorbehalten. ISBN 978-3-12-523044-6

B

A

B

A

9 SOIRÉE DISCO A

C'est l'été !

C'est l'été, les terrasses des cafés vous attendent sur les plages ! **Ce soir**, c'est le Ola Beach Bar qui vous propose une **soirée disco** dans le style des années 80 ! Musique, buffet froid et beaucoup de surprises !
A 23 heures : pour être le nouveau Michael Jackson, n'oubliez pas votre costume !

Ola Beach Bar, plage du Lido, Sète

Un verre d'abricot beach gratuit pour toutes les filles !

Klett
© Ernst Klett Verlag GmbH, Stuttgart 2010.
Alle Rechte vorbehalten. ISBN 978-3-12-523044-6

9 SOIRÉE DISCO B

Un flyer dans un camping

Tiens, ★ soirée ★ camping ?
★ pas connaître ★ où ?
★ comme musique ?
Ah, bof… ★ d'aujourd'hui ! Et à 23 heures, ★ ?
Ah oui. Tu ★ le nouveau Michael Jackson ?
Tu sais, ★ soirées calmes. Et puis ★ plaît pas trop.
Tu ★ déjà goûter ?

Klett
© Ernst Klett Verlag GmbH, Stuttgart 2010.
Alle Rechte vorbehalten. ISBN 978-3-12-523044-6

10 UN FILM A

Sans elle

Comme tous les matins, Lina descend à la cuisine pour prendre son petit-déjeuner. Là, une femme. « Maman ? », demande la jeune fille. La femme la regarde mais… CE N'EST PAS SA MÈRE !
Où est la mère de Lina ? Et pourquoi est-ce que son père ne dit rien ?

- Au cinéma Gaumont
- du lundi au samedi à 14 h, 16 h et 19 h 30
  le dimanche à 16 h
- A partir de 12 ans

Rencontre avec l'équipe du film : vendredi 11 octobre, 18 h 30

Klett
© Ernst Klett Verlag GmbH, Stuttgart 2010.
Alle Rechte vorbehalten. ISBN 978-3-12-523044-6

10 UN FILM B

Une affiche de film

★ nouveau ★ tu ★ déjà ★ ?
Tu ★ histoire ?
Tu ★ envie ★ ?
On ★ le soir, dimanche, par ★ ?
Alors samedi ★ ? ★ cinéma ?
★ cousine ★ avec ★ ? ★ 10 ans
★ d'autres informations ★ ?
★ se retrouver ★ !

Klett
© Ernst Klett Verlag GmbH, Stuttgart 2010.
Alle Rechte vorbehalten. ISBN 978-3-12-523044-6

B

A

B

A

11 LES RESTOS DU CŒUR A

Aidez-nous à les aider !

L'hiver arrive… Comme chaque année, les Restos du Cœur aident les gens qui n'ont rien. Vous voulez aider, vous aussi ? Alors donnez ! Entre le 1er et le 30 octobre, les équipes des Restos vous attendent dans les supermarchés. Vous pouvez donner de la nourriture (conserves, pâtes, riz…), mais aussi des vêtements, des jouets pour enfants… Ne nous oubliez pas !

Supermarchés qui participent à l'action des Restos du Cœur : SuperM, Miniprix, Le grand marché, Point C, Cadirama

Klett
© Ernst Klett Verlag GmbH, Stuttgart 2010.
Alle Rechte vorbehalten. ISBN 978-3-12-523044-6

11 LES RESTOS DU CŒUR B

Un flyer dans un supermarché

★ quoi ★ flyer ?
★ aller ★ Resto ?
★ supermarchés ★ participer ?
★ toujours ★ courses ★ demain ★ donner ★
★ plus tard ★ tu ★ participer ?
★ super ★ demander ★ aider ★ Noël ?

Klett
© Ernst Klett Verlag GmbH, Stuttgart 2010.
Alle Rechte vorbehalten. ISBN 978-3-12-523044-6

12 UN AUTEUR AU COLLÈGE A

Rencontre avec Faïza Guène

Faïza Guène, l'auteur de « Kiffe kiffe demain », du « Rêve pour les oufs » et des « Gens du Balto », trois romans sur la banlieue, vient pour une rencontre au collège !

Mardi 16 janvier à 15 heures
au CDI

Elle va vous parler de sa vie de collégienne dans la cité des Courtillières à Pantin, où elle habite encore, et va vous raconter comment elle travaille, comment elle est devenue auteur. Elle va aussi signer ses livres pour les élèves du collège.

Attention : il y a seulement 50 places ! Une liste est disponible au CDI pour les élèves intéressés.

Klett
© Ernst Klett Verlag GmbH, Stuttgart 2010.
Alle Rechte vorbehalten. ISBN 978-3-12-523044-6

12 UN AUTEUR AU COLLÈGE B

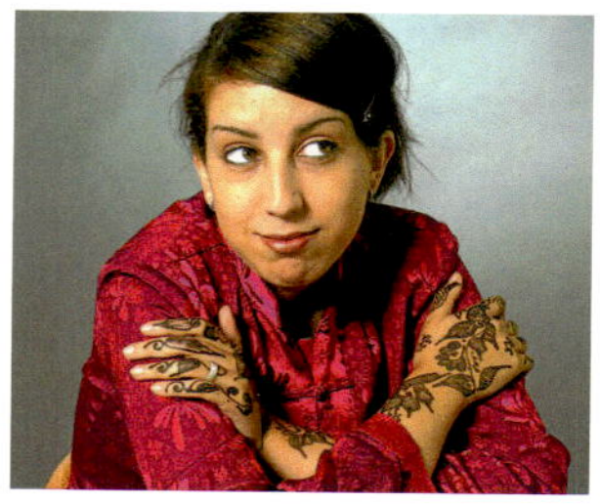

Une affiche au CDI du collège

★ Faïza Guène ? Pourquoi ★ elle ★ venir ★ collège ?
★ livres ★ ?
Quand ★ venir ★ ?
★ lire ★ textes ?
★ parler ★ banlieue ?
★ toi ★ livre préféré ★ ?
★ peut-être ★ lire… Et puis ★ aller ★ rencontre

Klett
© Ernst Klett Verlag GmbH, Stuttgart 2010.
Alle Rechte vorbehalten. ISBN 978-3-12-523044-6

B

A

B

A

13 DES COURS DE VOILE A

Découvrez la Méditerranée à la voile !

Vous voulez faire ou apprendre à faire de la voile ? Alors bienvenue à la villa de la Chatoune sur la route de Cannes à Antibes. Tony et Leila Mistral vous accueillent dans leurs magnifiques chambres d'hôtes avec vue sur l'une des plus belles plages d'Antibes. Tony, moniteur de voile, vous propose des cours flexibles et adaptés à votre niveau de 9 h à 11 h et de 17 h à 19 h.

- **50 % sur les cours de voile pour toute réservation avant le 15 mars**
- **Autres activités dans la région : VTT, escalade, kayak . . .**
- **Plus d'infos sur www.villachatoune.fr**

Klett
© Ernst Klett Verlag GmbH, Stuttgart 2010.
Alle Rechte vorbehalten. ISBN 978-3-12-523044-6

13 DES COURS DE VOILE B

Une annonce sur Internet

★ trouver ★ voile ★ vacances ?
★ où ?
Alors ★ Méditerranée ?
★ villa ? ★ beau ★ cher !
★ cours ★ journée ?
★ se lever ★ dormir !
★ d'autres activités ?
★ sur le site !

Klett
© Ernst Klett Verlag GmbH, Stuttgart 2010.
Alle Rechte vorbehalten. ISBN 978-3-12-523044-6

14 UN JOB D'ÉTÉ A

Recherche de vendangeurs

Vous aimez travailler dans les vignes ? Nous recherchons des personnes pour faire les vendanges dans notre propriété. Vous travaillerez dans nos vignes et habiterez dans notre ferme, où vous prendrez vos repas dans une ambiance familiale.
Un job idéal pour lycéens ou étudiants en vacances !

- **Conditions : avoir au moins 18 ans, avoir une voiture et être en bonne forme physique**
- **De août à septembre/octobre**
- **Pour 8 à 15 jours, 35 h/semaine, 8 € de l'heure**
- **Téléphoner à M. Patrick Sarlat au 06 58 76 30 30**

Klett
© Ernst Klett Verlag GmbH, Stuttgart 2010.
Alle Rechte vorbehalten. ISBN 978-3-12-523044-6

14 UN JOB D'ÉTÉ B

Une annonce pour un travail

★ trouver ★ job ★ été ?
★ ? Qu'est-ce que ★ ?
★ temps ?
★ payer ★ ?
★ combien d'heures ★ semaine ?
★ prendre ★ lycéens ?
Mais tu ★ ans ★ le droit ★ ?
Alors je crois ★ pas pour toi ★ chercher ★

Klett
© Ernst Klett Verlag GmbH, Stuttgart 2010.
Alle Rechte vorbehalten. ISBN 978-3-12-523044-6

B

A

B

A

15 UN PARC NATIONAL A

Le parc national des Grands-Jardins

A 170 km de Québec et à 70 km de Baie Saint-Paul, le parc national des Grands-Jardins, dans la région de Charlevoix, vous offre des panoramas exceptionnels sur ses 32 lacs et ses multiples paysages. A découvrir hiver comme été.

- Hébergement : camp rustique, chalets, campings (possibilité de camping-kayak), auberge du Ravage (hôtel)
- Activités : pêche, randonnée, vélo, ski, kayak, excursions en bateau

Klett
© Ernst Klett Verlag GmbH, Stuttgart 2010.
Alle Rechte vorbehalten. ISBN 978-3-12-523044-6

15 UN PARC NATIONAL B

Un article dans un guide sur le Québec

Tu ★ vacances ★ Québec ?
★ où ?
★ aller ★ parc ?
★ faire ?
Tu ★ pêcher ?
★ aussi à Québec ?
Et où ★ baleines ★ ?
★ parc ★ animaux ?
★ habiter ★ ?

Klett
© Ernst Klett Verlag GmbH, Stuttgart 2010.
Alle Rechte vorbehalten. ISBN 978-3-12-523044-6

16 DANS LE CHATROOM A

Qui veut chatter avec moi ?

Salut ! Je m'appelle Hugo, j'ai 15 ans, et je vis au Québec. Je voudrais rencontrer des jeunes Français pour chatter. J'adore la musique : rap, techno… Enfin, tous les styles qui déchirent ☺ ! J'aime aussi les jeux vidéo, les BD et les films d'action. Si vous êtes comme moi fan du dernier album de Diam's et que vous avez envie de passer un peu de temps avec moi, alors rendez-vous sur msn samedi à 16 h (heure française) !

hugolequébécois

Klett
© Ernst Klett Verlag GmbH, Stuttgart 2010.
Alle Rechte vorbehalten. ISBN 978-3-12-523044-6

16 DANS LE CHATROOM B

Dans un chatroom sur Internet

Qu'est-ce que tu ★ ?
★ qu'est-ce qu'il ★ ?
★ s'appeler ★ ? ★ âge ?
★ sur lui ? ★ temps libre ?
★ comme musique ?
★ fan ★ ? ★ moi ★ ! ★ demander ★ dernier album
★ comment pour ★ ?
★ samedi, je ★ !

Klett
© Ernst Klett Verlag GmbH, Stuttgart 2010.
Alle Rechte vorbehalten. ISBN 978-3-12-523044-6

B

A

B

A

17 LES JEUNES EN EUROPE A

L'Europe, ça bouge !

Une nouvelle émission sur les jeunes Européens

Comment vivent les jeunes en Europe ? A quoi s'intéressent-ils ? Que font-ils pendant leur temps libre ? Quelle musique écoutent-ils ? Que lisent-ils ? Est-ce qu'ils suivent la mode ? Que mangent-ils ? Quelles études font-ils ? Comment se passe leur entrée dans le monde du travail ? Quelles différences y a-t-il entre un jeune d'aujourd'hui et un jeune en 1910, en 1950 ou en 1990 ?

Un magazine d'Arte, tous les mercredis à 18 h 40

© Ernst Klett Verlag GmbH, Stuttgart 2010.
Alle Rechte vorbehalten. ISBN 978-3-12-523044-6

17 LES JEUNES EN EUROPE B

Un article dans un magazine télé

★ quelque chose d'intéressant ★ ?
★ espérer ★ pas ★ émission ★ télé-réalité parce qu(e) ★
★ plus exactement, ★ thèmes ★ ?
★ une seule ★ ?
Comment ★ ?
★ ensemble ? ★ intéressant !

© Ernst Klett Verlag GmbH, Stuttgart 2010.
Alle Rechte vorbehalten. ISBN 978-3-12-523044-6

18 DÉCOUVREZ LE MAROC ! A

Promenades marocaines

Le Maroc répondra à vos envies de mer, de montagne et de désert. Sur les interminables plages d'Agadir, dans un hammam à Essaouira, dans les dunes du Sahara ou en pleine ascension du Haut-Atlas, vous y trouverez repos, activités sportives et aventure. Laissez-vous charmer par l'hospitalité des Marocains, leurs traditions et leur délicieuse cuisine. Goûtez aux mille senteurs des souks, à la magie des médinas et de leurs palais d'un autre siècle. Visitez Casablanca, la célèbre ville blanche, et plongez dans l'atmosphère inoubliable de Marrakech !

Tous nos séjours sur www.promenadesmarocaines.com

© Ernst Klett Verlag GmbH, Stuttgart 2010.
Alle Rechte vorbehalten. ISBN 978-3-12-523044-6

18 DÉCOUVREZ LE MAROC ! B

Un article dans un magazine de voyage

★ lire ★ pays ?
★ idées ★ voyages ★ ?
★ sur ce pays ? Moi ★ pas connaître ★
★ randonnée ?
★ villes ★ visiter ?
★ exemples ★ villes ?
★ Marrakech ★ place avec ★ regarder ★ séjours ★ ?

© Ernst Klett Verlag GmbH, Stuttgart 2010.
Alle Rechte vorbehalten. ISBN 978-3-12-523044-6

B

A

B

A

19 UNE FERME BIO A

Nouveau : tout beau, tout bio !

Laure et Régis Pois sont heureux de vous annoncer la naissance de leurs premiers bébés bio !
Pêches, pommes, carottes, pommes de terre : selon la saison, vous trouverez chez nous un grand choix de fruits et légumes. Vous croyez que c'est trop cher pour vous ? Pas du tout ! Chez nous, c'est tout beau, tout bio… pour tout le monde ! En ce moment :

- Pommes : à partir de 3,20 € le kilo
- Pommes de terre : à partir de 1,99 €/kg
- En octobre, les carottes sont en soldes !

La ferme des petits pois, 3 route de Fourques, 30300 Beaucaire

© Ernst Klett Verlag GmbH, Stuttgart 2010.
Alle Rechte vorbehalten. ISBN 978-3-12-523044-6

19 UNE FERME BIO B

Une affiche

Tiens, ★ annonce ★ bio ?
★ annoncer ★ naissance ★ enfant ?!
Ah, d'accord ★ plaisanter ★ vendre ?
Mais en ce moment, ★ pêches ?
Le bio ★ bien ★ cher ★ prix ?
★ pas très cher ★ carottes ?
★ légume préféré ★ dire ★ parents ★ courses ★ où ★ ?

© Ernst Klett Verlag GmbH, Stuttgart 2010.
Alle Rechte vorbehalten. ISBN 978-3-12-523044-6

20 UN MUSÉE D'HISTOIRE A

Le Mémorial de Caen

En juin 1944, les Alliés arrivent sur les plages de Normandie pour libérer la France : c'est le débarquement. Le 19 juillet 1944, ils libèrent la ville de Caen, mais au prix de nombreux morts…
Le musée rappelle les terribles journées de guerre, l'action des Résistants et le travail des Européens pour la paix avant et après 1945. Vous y trouverez aussi une galerie des Prix Nobel de la Paix.

- Esplanade Général Eisenhower
- Ouvert tous les jours de 9 h à 19 h
- Entrée : 17 € (visite guidée : 5 €, audioguide : 4 €)

www.memorial-caen.fr

© Ernst Klett Verlag GmbH, Stuttgart 2010.
Alle Rechte vorbehalten. ISBN 978-3-12-523044-6

20 UN MUSÉE D'HISTOIRE B

Un article dans guide sur la Normandie

★ lire ★ guide ?
★ c'est ?
Je ★ savoir ★ Alliés ★ arriver ★ plages ★ mais ★ quand ★ ?
★ voir ★ photos ★ ?
Pour avoir ★ site Internet ★ adresse ?
★ coûte ★ ? ★ visite guidée ?

© Ernst Klett Verlag GmbH, Stuttgart 2010.
Alle Rechte vorbehalten. ISBN 978-3-12-523044-6

B

A

B

A

21 UNE VIDÉO SUR LE LYCÉE A

Lycées en images

Comme tous les ans, notre lycée souhaite participer au projet franco-allemand « Lycées en images » et envoyer à l'OFAJ une vidéo en français et en allemand sur notre collège. L'équipe responsable du projet à l'OFAJ choisit son film préféré et la classe qui a tourné ce film gagne un voyage au Festival du film de Berlin, la Berlinale. Le projet vous intéresse ? Alors vite : trouvez des idées et écrivez un scénario ! Bonne chance à tous !

Rappel des dates :

- **Ecriture du scénario avec vos professeurs d'allemand et de français jusqu'au 15 février**
- **Tournage du film jusqu'au 15 avril**
- **Envoi de la vidéo jusau'au 15 mai**

Klett

© Ernst Klett Verlag GmbH, Stuttgart 2010.
Alle Rechte vorbehalten. ISBN 978-3-12-523044-6

21 UNE VIDÉO SUR LE LYCÉE B

Une affiche au lycée sur le projet « Lycées en images »

★, ce projet ?
En ★ aussi ? ★ vachement ★ !
Et il y a un ★ ?
Un voyage ? ★ je ne suis jamais ★ la Berlinale, ★ ?
Et qui ★ meilleure vidéo ?
★ ta classe ★ ?
Alors ★ se dépêcher ! Et c'est vous aussi qui ★ ?
Moi aussi, ★ !

Klett

© Ernst Klett Verlag GmbH, Stuttgart 2010.
Alle Rechte vorbehalten. ISBN 978-3-12-523044-6

22 DES FORMATIONS A

Salon du lycéen et de l'étudiant à Strasbourg

Du 1er au 3 février, les universités d'Alsace, les écoles de commerce, d'ingénieur, d'art, et d'informatique répondront aux questions des lycéens, des étudiants et de leurs parents sur leur orientation et leurs projets de formation. Cette année, le thème mis en avant est : « **L'importance des langues étrangères** ». Des écoles internationales seront présentes et de nombreux professionnels des grandes entreprises présenteront les métiers et les domaines qui connaissent un fort développement.

Palais des congrès, Place de Bordeaux-Wacken, Strasbourg
Liste des stands et programme des conférences sur www.saloneducastras.fr

Klett

© Ernst Klett Verlag GmbH, Stuttgart 2010.
Alle Rechte vorbehalten. ISBN 978-3-12-523044-6

22 DES FORMATIONS B

Un flyer au lycée

★ formations ?
★ thème, cette année ?
★ beaucoup ! Plus tard, j'aimerais ★ dates ★ ?
Bon, je peux ★ universités et écoles ★ présentes ?
★ à l'étranger ! ★ entreprises ?
Où ★ programme ★ conférences ?

Klett

© Ernst Klett Verlag GmbH, Stuttgart 2010.
Alle Rechte vorbehalten. ISBN 978-3-12-523044-6

B

A

B

A

23 UN STAGE A

Vous voulez devenir journaliste ?

Le quotidien « La Nouvelle République » recherche des stagiaires pour les vacances de Pâques dans le cadre de l'action « La République des lycéens », une édition spéciale du journal réalisée par et pour les lycéens.
Vous êtes dynamique et motivé(e) ? L'actualité, c'est votre passion ? Vous avez entre 15 et 18 ans ?
Alors nous vous invitons à découvrir les coulisses d'une rédaction et le métier de journaliste. Envoyez votre candidature au journal avant le 20 décembre avec les documents suivants :

- **un CV avec photo et une lettre de motivation**
- **un article de 3 000 mots sur un sujet d'actualité**
- **une liste de dix sujets importants pour cette année**

Klett
© Ernst Klett Verlag GmbH, Stuttgart 2010.
Alle Rechte vorbehalten. ISBN 978-3-12-523044-6

23 UN STAGE B

Une affiche au lycée

Tiens, ★ formation ?
Qu'est-ce qu(e) ★ ?
Alors ★ écrire ★ articles ★ journalistes ?
Comment ★ candidature ?
★ déjà ★ journaliste professionnel !! ★ essayer ?
Bon, ★ dates ★ ?
Alors je ★ article ★ tu ★ lire ?

Klett
© Ernst Klett Verlag GmbH, Stuttgart 2010.
Alle Rechte vorbehalten. ISBN 978-3-12-523044-6

24 UNE STATUE A

Le saviez-vous ?

Saviez-vous que la statue de la liberté new-yorkaise a une petite sœur parisienne ? En 1889, pour fêter le centenaire de la Révolution, les Français qui vivaient aux Etats-Unis ont offert une petite statue à la France, plus petite (11,50 m) que sa grande sœur américaine (46,50 m).

La statue se trouve au niveau du pont de Grenelle, dans le 15e arrondissement.

Klett
© Ernst Klett Verlag GmbH, Stuttgart 2010.
Alle Rechte vorbehalten. ISBN 978-3-12-523044-6

24 UNE STATUE B

Un article dans un magazine

★ lire ?
★ savoir ★ ?
Et pourquoi ★ ? Depuis ★ ?
★ même taille ?
Combien ★ ?
★ quatre fois ★ petite ★ ! Où ★ ?
★ tour ★ demain ?

Klett
© Ernst Klett Verlag GmbH, Stuttgart 2010.
Alle Rechte vorbehalten. ISBN 978-3-12-523044-6

17 AÏCHA A

Dans votre classe, il y a une nouvelle élève, Aïcha. Elle est très timide et ne parle pas beaucoup aux autres. Tu as peur qu'elle se sente exclue et tu viens souvent la voir. Samedi soir, tes copines et toi allez au ciné. Tu proposes à Aïcha de venir aussi, mais elle t'explique qu'elle ne peut pas : son père est très sévère, et il ne voudra pas qu'elle sorte le soir. Pourtant, elle a déjà 16 ans et vous ne serez que des filles. Et ton père vient vous chercher après le film. Vous ne prendrez même pas le métro !

Si tu viens, on se connaîtra mieux et...
C'est bête, il n'y aura que...
En plus, mon père...
Ce n'est pas juste, ton père doit...
Tu as le droit de...

Klett
© Ernst Klett Verlag GmbH, Stuttgart 2010.
Alle Rechte vorbehalten. ISBN 978-3-12-523044-6

17 AÏCHA B

Dans ta nouvelle classe, il y a une fille très sympa qui vient toujours te voir à la récré quand tu es seule. Samedi soir, elle va au cinéma avec des copines et elle te propose de venir aussi. Mais tu ne peux pas : ton père est très sévère et tu n'as jamais le droit de sortir, même quand il n'y a que des filles. Tu expliques que tes parents viennent d'Algérie et que dans ta famille, les filles ne peuvent pas faire tout ce qu'elles veulent. Ton père s'inquiète beaucoup pour toi et tu ne veux pas avoir de conflit avec lui.

C'est sympa, mais...
Mon père est... Même si...
Tu sais, il n'est pas... Mais il...
Je le comprends. Dans notre culture, ...
Alors je préfère...

Klett
© Ernst Klett Verlag GmbH, Stuttgart 2010.
Alle Rechte vorbehalten. ISBN 978-3-12-523044-6

18 LA FONTAINE STRAVINSKI A

Vous vous promenez avec un copain/une copine près du Centre Pompidou à Paris. Devant la fontaine Igor Stravinski, vous dites à votre copain/copine que vous trouvez les sculptures de Niki de Saint Phalle vraiment moches. Tout à coup, une des sculptures se met à parler ! Et vous, vous lui répondez !

Euh... Comment ?? Vous... ? Ce n'est pas... !!
Je ne voulais pas...
Mais je n'aime pas trop...
Pourquoi est-ce que vous êtes... ?
Bon, je n'ai peut-être pas...
Je vais lire... pour...

Klett
© Ernst Klett Verlag GmbH, Stuttgart 2010.
Alle Rechte vorbehalten. ISBN 978-3-12-523044-6

18 LA FONTAINE STRAVINSKI B

Vous êtes une sculpture de Niki de Saint Phalle et faites partie de la fontaine Igor Stravinski, près du Centre Pompidou à Paris. Depuis un moment, un(e) jeune qui se promène avec un copain/une copine vous regarde et vous critique. Ces jeunes ! Ils ne comprennent rien à l'art ! D'habitude, vous ne dites rien, mais aujourd'hui, vous avez envie de discuter un peu. Le/La jeune ne va pas en croire ses yeux !

Excusez-moi jeune homme/jeune fille, mais...
Oui, vous voyez, je... quand j'entends...
Souvent, les gens m(e)..., mais il y aussi des personnes comme vous qui...
Je vous écoute depuis... et...
Je suis une... et je m'appelle.... Avec moi, Niki a voulu...

Klett
© Ernst Klett Verlag GmbH, Stuttgart 2010.
Alle Rechte vorbehalten. ISBN 978-3-12-523044-6

1 AU THÉÂTRE LE BOUT

LÖSUNG

Beispieldialog

B L'affiche, là, c'est pour quoi/qu'est-ce que c'est ?
A C'est pour un cours de théâtre. On joue sur scène.
B On joue avec des stars ?
A Non, on apprend les secrets des stars…
B C'est cool ! Et c'est où ?
A Au théâtre Le Bout, 62 rue Pigalle. C'est le métro Pigalle.
B C'est quand ?
A L'atelier jeunes, c'est le mercredi après-midi.
B A quelle heure ?
A De 14 heures à 17 heures.
B Mon frère a 12 ans et il adore le théâtre. Il peut aller au cours ?
A Non, c'est pour les jeunes de 13 à 17 ans.
B C'est dommage !

Klett

© Ernst Klett Verlag GmbH, Stuttgart 2010.
Alle Rechte vorbehalten. ISBN 978-3-12-523044-6

2 CHEZ SPIROU

LÖSUNG

Beispieldialog

B C'est le flyer d'un magasin ?
A Oui, un magasin de BD.
B Comment est-ce qu'il s'appelle ?
A Spirou.
B Ils ont seulement des BD ?
A Non, ils ont aussi des livres sur la BD.
B Où est le magasin ?
A Il est dans le quartier Bastille, devant la station Ledru-Rollin.
B Il est midi et demi. Est-ce qu'ils font une pause pendant midi ?
A Non, les horaires d'ouverture sont de 10 h à 19 h du lundi au samedi.
B Est-ce qu'il y a d'autres informations sur le flyer ?
A Oui, mercredi, il y a 50 % sur les Titeuf et samedi, le magasin propose une rencontre avec Fanny Joly.
B Super ! Alors pour un autographe, c'est samedi ?
A Oui, de 17 h à 19 h.
B Moi, j'aime beaucoup Fanny Joly, et toi ?
A Moi, j'adore Titeuf.
B Alors quand est-ce qu'on va chez Spirou ?
A Mercredi et samedi !

Klett

© Ernst Klett Verlag GmbH, Stuttgart 2010.
Alle Rechte vorbehalten. ISBN 978-3-12-523044-6

3 ÇA VA ROCKER !

LÖSUNG

Beispieldialog

B Regarde, il y a un concert à la MJC ! C'est cool !
A Oui, c'est le concert des Supernanas.
B Elles font de la bonne musique ?
A Oui, leur premier CD est super !
B Pourquoi est-ce que le CD s'appelle « Pas de garçons » ?
A Ecoute les chansons, tu vas voir. Ce sont trois filles et elles racontent beaucoup d'histoires sur les garçons dans leurs chansons.
B Ce sont des chansons marrantes ?
A Oui, et je pense qu'on va bien rigoler au concert. Il y a une surprise pour les garçons à la dernière chanson…
B Une surprise pour les garçons ? Une bonne ou une mauvaise surprise ?
A Une bonne ! Elles aiment beaucoup les garçons !
B Bon, c'est quand ?
A Samedi 10 avril à 20 heures 30.
B Ecoute, moi, j'ai le temps, samedi. Et toi ?
A Moi aussi. Elles présentent des chansons en exclusivité, c'est cool !

Klett

© Ernst Klett Verlag GmbH, Stuttgart 2010.
Alle Rechte vorbehalten. ISBN 978-3-12-523044-6

4 LE RENDEZ-VOUS VTT

LÖSUNG

Beispieldialog

B Qu'est-ce que c'est, ce rendez-vous VTT ?
A Cinq jeunes du collège cherchent d'autres jeunes pour faire du VTT.
B C'est super, j'adore le VTT ! Toi aussi ?
A Oui, c'est cool.
B Où est-ce qu'ils vont ?
A Ils font un tour de deux heures dans le bois de Vincennes.
B Quand et où est le rendez-vous ?
A C'est le samedi matin à 10 h 30, à la Porte de Charenton.
B Et l'animateur, qui est-ce ?
A Monsieur Duclos, le prof de sport des 4e B et D.
B Un prof ? Bof…
A Non, il est très sympa !
B Bon, alors on y va ?
A D'accord !

Klett

© Ernst Klett Verlag GmbH, Stuttgart 2010.
Alle Rechte vorbehalten. ISBN 978-3-12-523044-6

5 UN VÉLO

LÖSUNG

Beispieldialog

B Tu as vu l'annonce au collège ?
A Oui, c'est pour un vélo.
B Simon cherche un vélo, non ?
C'est un vélo pour garçon ?
A Oui, oui. C'est un garçon qui déménage en Chine et ne peut pas prendre son vélo.
B Alors il faut le dire à Simon. C'est cher ?
A Non, 75 €, ce n'est pas cher.
Le vélo a un an, il n'est pas vieux.
B On peut le voir ?
A Oui, à la récré. Mais avant, il faut téléphoner.
B A quel numéro ?
A 06 08 96 44 02.
B Il y a d'autres informations ?
A Oui. C'est un VTT Décatron et il est vert.
B Bon, j'appelle Simon ! Il doit l'essayer et voir s'il lui plaît…

Klett
© Ernst Klett Verlag GmbH, Stuttgart 2010.
Alle Rechte vorbehalten. ISBN 978-3-12-523044-6

6 C'EST LES SOLDES !

LÖSUNG

Beispieldialog

B Tu es déjà allé(e) dans ce magasin ?
A Fripes & Fringues ? Non, jamais !
B Que dit l'annonce ?
A Le magasin fait des soldes.
B Ah, ça m'intéresse ! Tous les vêtements sont en soldes ?
A Non, seulement les t-shirts, mais dans toutes les tailles.
B Et il y a des t-shirts de marque ?
A Oui, c'est un magasin branché. Il y a 20, 30 et 50 % sur les t-shirts Kakoo, Jade, Tim Tom et sur d'autres marques.
B Cool ! Mais je suis nul(le) en maths.
20 % sur 20 euros, ça fait combien ?
A Ça fait 16 euros.
B Et toi, quelle est ta marque préférée ?
A Moi, je n'aime pas trop les marques, c'est cher…
B Oui, mais quand c'est les soldes, ça va !
Il y a des soldes pendant combien de temps ?
A Pendant les deux premières semaines de juin.
B Alors on y va la semaine prochaine !
Tu as écrit l'adresse ?
A Oui, c'est bon !

Klett
© Ernst Klett Verlag GmbH, Stuttgart 2010.
Alle Rechte vorbehalten. ISBN 978-3-12-523044-6

7 UNE INVITATION

LÖSUNG

Beispieldialog

A Cool ! Une carte !
B C'est quoi ?
A C'est une invitation à une fête d'anniversaire.
B De qui ?
A C'est de Sandra.
B Ah bon, elle a quel âge ?
A 15 ans.
B Et c'est quand ?
A Dans dix jours… Le samedi 12 mars à 18 heures.
B Elle habite où ?
A Dans la rue Laissac.
B Et tu vas aller à cette fête ?
A Oui, je pense qu'on va bien s'amuser. Sandra a beaucoup de CD et on va danser, c'est super !
B Tu as une idée de cadeau ?
A Pas encore… Mais pas un CD, elle en a trop.
Elle dit qu'on peut demander à Chris… On va voir !
B Qu'est-ce qu'elle a écrit, là ?
A Il faut donner sa réponse avant le 9 mars.
Elle dit aussi que son père fait des super gâteaux et elle une bonne tarte aux pommes.
B Alors vous allez bien manger !
Tu penses qu'elle va m'inviter ?
A Dis que tu adores les tartes aux pommes !

Klett
© Ernst Klett Verlag GmbH, Stuttgart 2010.
Alle Rechte vorbehalten. ISBN 978-3-12-523044-6

8 DES VACANCES EN SUISSE

LÖSUNG

Beispieldialog

B C'est pour un voyage en Suisse, cette affiche ?
A C'est pour des vacances dans un centre.
B Moi, je suis déjà allé(e) en Suisse avec mes parents.
C'est beau… Et là, ce sont des vacances avec d'autres jeunes et des animateurs ?
A Oui, il y en a trois. Regarde : sur la photo, ça doit être Marion, l'animatrice.
B Quelles activités est-ce qu'ils proposent ?
A De la randonné, du rafting, de la natation…
B Comme tu aimes le sport, c'est bien pour toi !
A Oui, et on peut aussi visiter le pays, je pense.
C'est sympa, ce centre, pour les vacances !
En plus, en Suisse, on mange du bon fromage, et surtout du bon chocolat !
B Oui, je sais ! Où est le centre ?
A C'est à Gruyère. Tu connais ?
B Non, mais ça doit être très joli ! Et c'est combien ?
A En juillet et août, c'est 450 € pour la semaine avec les repas et les activités.
B Je peux venir avec toi et on prend une chambre ensemble. Il y a un numéro de téléphone ?
A Euh… une adresse e-mail. Et il y a des chambres de trois à cinq lits.
B Ecoute, on va écrire et demander à nos parents.

Klett
© Ernst Klett Verlag GmbH, Stuttgart 2010.
Alle Rechte vorbehalten. ISBN 978-3-12-523044-6

9 SOIRÉE DISCO

LÖSUNG

Beispieldialog

B Tiens, il y a une soirée au camping ?
A Non, c'est une soirée disco à l'Ola Beach Bar.
B Je ne connais pas. C'est où ?
A C'est un café sur la plage du Lido.
B Qu'est-ce qu'il y a comme musique ?
A De la musique des années 80.
B Ah, bof… Je préfère la musique d'aujourd'hui ! Et à 23 heures, il y a quelque chose, regarde. C'est quoi ?
A Euh… je ne sais pas bien. Il faut avoir un costume de Michael Jackson…
B Ah oui. Toi, tu as envie d'être le nouveau Michael Jackson ?
A Euh… pourquoi pas ? On va voir ! Tu ne veux pas aller à cette soirée ?
B Tu sais, moi, j'aime les soirées calmes. Et puis la musique ne me plaît pas trop…
A Mais ça va être sympa ! Ils disent qu'il va y avoir des surprises. En plus, pour les filles, il y a un verre d'abricot beach gratuit.
B Tu as déjà goûté ?
A Non, mais on va le faire !

Klett © Ernst Klett Verlag GmbH, Stuttgart 2010. Alle Rechte vorbehalten. ISBN 978-3-12-523044-6

10 UN FILM

LÖSUNG

Beispieldialog

B Il y a un nouveau film au ciné, tu l'as déjà vu ?
A « Sans elle » ? Non, je ne l'ai pas vu.
B Tu connais l'histoire ?
A Regarde, il y a un résumé sur cette affiche : c'est l'histoire d'une jeune fille qui, un matin, trouve une autre femme chez elle. Elle ne sait pas où est sa mère.
B Tu as envie de voir ce film ?
A Pourquoi pas…
B On peut peut-être aller au ciné le soir, dimanche, par exemple ? C'est quel cinéma ?
A Le cinéma Gaumont. Le dimanche, c'est seulement à 16 h.
B Alors samedi soir ?
A D'accord. Le film est à 19 h 30.
B Ma cousine peut venir avec nous ? Elle a 10 ans.
A Euh… je ne pense pas. Il faut avoir 12 ans. Ta cousine va peut-être avoir un peu peur !
B Ah, O. K. Bon, on va voir… Il y a d'autres informations sur le film ?
A Oui, on peut rencontrer l'équipe du film vendredi 11 octobre à 18 h 30.
B Super, alors on se retrouve vendredi 11 octobre à 18 h 30 !

Klett © Ernst Klett Verlag GmbH, Stuttgart 2010. Alle Rechte vorbehalten. ISBN 978-3-12-523044-6

11 LES RESTOS DU CŒUR

LÖSUNG

Beispieldialog

B C'est quoi, ce flyer ?
A C'est pour les Restos du cœur. On peut leur donner de la nourriture, des vêtements, etc.
B Ah, il faut aller dans un Resto ?
A Non, ça se passe dans les supermarchés : tu fais tes courses et puis tu donnes des choses aux équipes des Restos.
B Tous les supermarchés participent ?
A Euh… il y a la liste : SuperM, Miniprix, Le grand marché, Point C et Cadirama.
B Super, nous faisons toujours nos courses chez Miniprix ! Demain, je vais leur donner de la nourriture.
A Les équipes des Restos sont là seulement pendant le mois d'octobre.
B Ah, O. K, alors je ferai ça plus tard. Et toi, tu vas aussi participer ?
A Oui, bien sûr ! Mes parents donnent toujours de la nourriture aux Restos. Et moi, j'ai encore des jouets et des vêtements que je peux donner.
B Moi aussi, je vais regarder. C'est super, ce que font les Restos du cœur… On peut peut-être aussi demander si on peut les aider pendant les vacances de Noël ?
A Oui, bonne idée !

Klett © Ernst Klett Verlag GmbH, Stuttgart 2010. Alle Rechte vorbehalten. ISBN 978-3-12-523044-6

12 UN AUTEUR AU COLLÈGE

LÖSUNG

Beispieldialog

B C'est qui, Faïza Guène ? Pourquoi est-ce qu'elle vient au collège ?
A Tu ne connais pas ? C'est un auteur génial. Elle vient pour une rencontre avec les élèves.
B Quels livres est-ce qu'elle a écrits ?
A Trois romans sur la banlieue. Je les ai lus, ils sont super.
B Et quand est-ce qu'elle vient ?
A Le 16 janvier, à 15 heures. C'est au CDI.
B Elle va lire des textes ?
A Peut-être… Elle va signer ses livres pour les élèves, ça, c'est sûr.
B Et elle va parler de la banlieue ?
A Oui, elle habite à Pantin et elle va raconter sa vie de collégienne dans une cité. Elle va aussi raconter comment elle écrit, comment elle est devenue auteur.
B C'est intéressant… Toi, quel est ton livre préféré de Faïza Guène ?
A C'est « Kiffe kiffe demain ». C'est très marrant !
B Je vais peut-être le lire… Et puis on va aller à cette rencontre !
A D'accord. Mais il y a seulement 50 places et il faut être sur la liste du CDI. Alors on doit se dépêcher !

Klett © Ernst Klett Verlag GmbH, Stuttgart 2010. Alle Rechte vorbehalten. ISBN 978-3-12-523044-6

13 DES COURS DE VOILE

LÖSUNG

Beispieldialog

B Tu as trouvé des cours de voile pour les vacances ?
A Là, il y a une annonce pour des cours à Antibes.
B Antibes ? C'est où ?
A Près de Cannes.
B Alors c'est pour faire de la voile en Méditerranée ?
A Oui, on peut habiter dans la villa du moniteur de voile, où il y a des chambres d'hôte.
B Dans une villa ? Ça doit être beau, mais cher !
A Oui, ce sont des belles chambres avec vue sur la mer. Je ne sais pas si c'est cher, il faut regarder sur Internet. Mais il y a 50 % sur les cours de voile pour les réservations avant le 15 mars.
B Et les cours, c'est toute la journée ?
A C'est de 9 h à 11 h et de 17 h à 19 h.
B Alors il faut se lever tôt. Moi, pendant les vacances, j'aime bien dormir !
A Oui, mais si tu sais déjà faire de la voile, tu peux sûrement ne suivre que les cours du soir. C'est flexible !
B Et on peut faire d'autres activités ?
A Oui, du VTT, de l'escalalde, du kayak…
B Bon, alors on va sur le site !

Klett

© Ernst Klett Verlag GmbH, Stuttgart 2010.
Alle Rechte vorbehalten. ISBN 978-3-12-523044-6

14 UN JOB D'ÉTÉ

LÖSUNG

Beispieldialog

B Salut ! Tu as trouvé un job pour cet été ?
A Peut-être… J'ai lu une annonce pour un job de vendangeur.
B Vendangeur ? Qu'est-ce que c'est ?
A C'est pour travailler dans les vignes. Regarde, ça peut être sympa : on dort et on mange à la ferme, dans une ambiance familiale.
B Et c'est pour combien de temps ?
A 8 à 15 jours, en août, septembre ou octobre.
B Ils payent combien ?
A 8 euros de l'heure.
B Et on travaille combien d'heures par semaine ?
A 35 heures.
B Bon, ça peut être bien… Ils prennent vraiment des lycéens ?
A Oui, regarde : ils disent que c'est un job idéal pour les lycéens et étudiants en vacances. Je pourrai rencontrer d'autres jeunes !
B Mais tu as 15 ans. Tu as le droit de travailler ?
A Euh… ah non, c'est le problème. Il faut avoir 18 ans… et une voiture.
B Bon, alors je crois que ce job n'est pas pour toi. Il faut chercher autre chose !
A Je vais téléphoner pour être sûr…

Klett

© Ernst Klett Verlag GmbH, Stuttgart 2010.
Alle Rechte vorbehalten. ISBN 978-3-12-523044-6

15 UN PARC NATIONAL

LÖSUNG

Beispieldialog

B Tu vas passer des vacances au Québec ?
A Oui, avec mes parents. C'est pourquoi je lis ce guide, il y a un article sur le parc national des Grands-Jardins.
B C'est où ?
A A 170 km de Québec, dans la region de Charlevoix.
B Vous allez aller dans ce parc ?
A Oui, on va y passer quelques jours.
B Et qu'est-ce que vous allez y faire ?
A Je ne sais pas encore : on peut pêcher, faire de la randonnée, du vélo, du ski, du kayak, des excursions en bateau…
B Tu aimes pêcher, toi ?
A Euh… mon père a dit qu'il allait me montrer…
B Vous irez aussi à Québec ?
A Bien sûr, on va visiter la ville.
B Et où est-ce qu'on peut voir des baleines, au Québec ?
A C'est à Tadoussac. On va y aller aussi.
B Cool… Dans le parc national, on peut aussi voir des animaux ?
A Euh… il y a des poissons, mais après, je ne sais pas.
B Vous habiterez où, dans le parc ?
A On peut aller dans un camp rustique, un chalet ou un camping. Pour faire du kayak, le camping, c'est bien. Je vais demander à mes parents !

Klett

© Ernst Klett Verlag GmbH, Stuttgart 2010.
Alle Rechte vorbehalten. ISBN 978-3-12-523044-6

16 DANS LE CHATROOM

LÖSUNG

Beispieldialog

B Qu'est-ce que tu fais ?
A Je suis sur Internet. Il y a une annonce d'un garçon du Québec qui a l'air sympa.
B Ah bon, et qu'est-ce qu'il dit ?
A Il veut rencontrer des jeunes Français pour chatter avec eux.
B Il s'appelle comment ? Et il a quel âge ?
A Il s'appelle Hugo et il a 15 ans.
B Qu'est-ce qu'il dit sur lui ? Qu'est-ce qu'il aime faire pendant son temps libre ?
A Il aime la musique, les jeux vidéo, les BD et les films d'action.
B Qu'est-ce qu'il aime comme musique ?
A Le rap, la techno… Il aime surtout Diam's.
B Il est fan de Diam's ? C'est super, moi aussi ! Je vais chatter avec lui et lui demander s'il a son dernier album !
A Oui, il le connaît et il adore.
B Cool. Alors je fais comment pour le chat ?
A Il donne rendez-vous samedi à 16 heures sur msn.
B Génial ! Samedi, je chatte avec Hugo le Québécois !

Klett

© Ernst Klett Verlag GmbH, Stuttgart 2010.
Alle Rechte vorbehalten. ISBN 978-3-12-523044-6

17 LES JEUNES EN EUROPE

LÖSUNG

Beispieldialog

B Il y a quelque chose d'intéressant à la télé ?
A Je n'ai pas regardé. Je suis en train de lire un article sur une nouvelle émission.
B J'espère que ce n'est pas encore une émission de télé-réalité parce qu'il y en a une nouvelle tous les mois et je déteste ces émissions !
A Non, c'est un magazine sur les jeunes Européens : on montre comment ils vivent et ce qui a changé depuis 1910.
B Et plus exactement, quels sont les thèmes de l'émission ?
A Je ne sais pas. L'émission parle de ce que les jeunes font pendant leur temps libre, de ce qui les intéresse en général (la musique, la lecture, la mode…). Mais il a aussi d'autres thèmes comme la nourriture, les études, le travail…
B Tout ça dans une seule émission ?
A Non, c'est tous les mercredis à 18 h 40.
B Et je suis sûr(e) que c'est sur Arte !
A Oui, exactement !
B Comment s'appelle l'émission ?
A « L'Europe, ça bouge ! »
B On la regarde ensemble ? Ça a l'air intéressant !
A D'accord !

Klett
© Ernst Klett Verlag GmbH, Stuttgart 2010.
Alle Rechte vorbehalten. ISBN 978-3-12-523044-6

18 DÉCOUVREZ LE MAROC !

LÖSUNG

Beispieldialog

B Tu lis un article sur quel pays ?
A Le Maroc.
B Il y a des idées de voyage intéressantes ?
A Euh… l'article présente le Maroc. Il y a l'adresse d'un site Internet pour des séjours.
B Et que dit l'article sur ce pays ? Moi, je ne connais pas le Maroc.
A Moi non plus. Mais si on fait un voyage au Maroc, on peut aller à la mer, à la montagne ou dans le désert.
B Alors on peut faire de la randonnée ?
A Oui, on peut faire des activités sportives et aussi aller à la plage ou au hammam pour se reposer.
B Il y a des belles villes à visiter ?
A Oui, dans les villes, on peut visiter des palais et se promener dans les médinas et les souks.
B L'article donne des exemples de villes ?
A Il parle d'Agadir pour les plages, d'Essaouira pour le hammam, de Casablanca, la ville blanche et de Marrakech.
B Je sais qu'à Marrakech, il y a une grande place avec des jongleurs, des gens qui racontent des histoires, etc… On regarde quels séjours ils proposent ?
A Oui, allons sur le site !

Klett
© Ernst Klett Verlag GmbH, Stuttgart 2010.
Alle Rechte vorbehalten. ISBN 978-3-12-523044-6

19 UNE FERME BIO

LÖSUNG

Beispieldialog

B Tiens, une annonce d'une ferme bio ?
A Oui, c'est nouveau.
B Ils annoncent la naissance d'un enfant ?!
A Non, ce sont leurs premiers produits bios, c'est pourquoi ils parlent de naissance.
B Ah, d'accord, c'est pour plaisanter ! Et qu'est-ce qu'ils vendent ?
A Des fruits et légumes : pêches, pommes, carottes, pommes de terre…
B D'accord, mais en ce moment, il n'y a pas de pêches ?
A Non, mais ils ont des pommes, des pommes de terre et des carottes.
B Le bio, c'est bien, mais c'est cher. Il y a les prix ?
A Oui : les pommes, c'est à partir de 3,20 € le kilo et pour les pommes de terre, c'est 1,99 €.
B Ce n'est pas très cher, je crois. Et les carottes ?
A Il disent qu'il y a des soldes sur les carottes en octobre.
B Super, c'est mon légume préféré. Je vais dire à mes parents de faire les courses chez eux. Où est la ferme ?
A C'est la ferme des petits pois, 3 route de Fourques à Beaucaire.

Klett
© Ernst Klett Verlag GmbH, Stuttgart 2010.
Alle Rechte vorbehalten. ISBN 978-3-12-523044-6

20 UN MUSÉE D'HISTOIRE

LÖSUNG

Beispieldialog

B Qu'est-ce que tu lis dans ce guide ?
A Un texte sur le mémorial de Caen.
B Qu'est-ce que c'est ?
A C'est un musée sur la Seconde Guerre mondiale et sur le travail pour la paix avant et après 1945. Il y a aussi une galerie des Prix Nobel de la Paix.
B Je sais que les Alliés sont arrivés sur les plages de Normandie, mais c'était quand exactement ?
A Le débarquement, c'était en juin 1944. Et les Alliés ont libéré Caen en juillet 44.
B Est-ce qu'on peut voir des photos du débarquement ?
A Euh… je ne sais pas, mais il y a sûrement des photos de Caen et de la Normandie pendant la guerre…
B Pour avoir plus d'informations, il faudrait aller sur le site Internet du mémorial. Il y a l'adresse ?
A Oui, on peut regarder.
B Combien coûte l'entrée ? On peut faire une visite guidée ?
A L'entrée coûte 17 euros et pour la visite guidée, c'est 5 euros. Tu peux aussi prendre un audioguide pour 4 euros.
B C'est cher, la paix !

Klett
© Ernst Klett Verlag GmbH, Stuttgart 2010.
Alle Rechte vorbehalten. ISBN 978-3-12-523044-6

21 UNE VIDÉO SUR LE LYCÉE

LÖSUNG

Beispieldialog

B Qu'est-ce que c'est, ce projet ?
A C'est un projet franco-allemand de l'OFAJ : il faut tourner un film sur son lycée en français et en allemand.
B En allemand aussi ? C'est vachement difficile !
A Oui mais les profs sont là pour nous aider.
B Et il y a un prix ?
A Oui, la classe qui a fait la meilleure vidéo gagne un voyage à Berlin pour la Berlinale.
B Un voyage ? Cool ! Je ne suis jamais allé(e) à Berlin. La Berlinale, c'est quoi ?
A C'est un festival du film.
B Et qui choisit la meilleure vidéo ?
A C'est l'équipe responsable du projet à l'OFAJ.
B C'est super intéressant. Ta classe participe ?
A Oui, on va écrire un scénario avec nos profs d'allemand et de français jusqu'au 15 février.
B Alors vous devez vous dépêchez ! Et c'est vous aussi qui tournez le film ?
A Bien sûr, jusqu'au 15 avril. Ensuite, il faut envoyer la vidéo à l'OFAJ avant le 15 mai.
B Moi aussi, j'aimerais bien participer !
A Je vais en parler à mes profs. Je suis sûr(e) que c'est possible.

Klett
© Ernst Klett Verlag GmbH, Stuttgart 2010.
Alle Rechte vorbehalten. ISBN 978-3-12-523044-6

22 DES FORMATIONS

LÖSUNG

Beispieldialog

B Ce flyer, c'est pour des formations ?
A C'est pour le Salon du lycéen et de l'étudiant à Strasbourg.
B Quel est le thème, cette année ?
A L'importance des langues étrangères.
B Super, ça m'intéresse beaucoup ! Plus tard, j'aimerais bien avoir un métier dans le domaine des langues. Quelles sont les dates du Salon ?
A C'est du 1er au 3 février.
B Bon, je peux y aller. Quelles universités et écoles seront présentes ?
A Les universités de la région et différentes écoles de commerce, d'ingénieur, d'art, et d'informatique. Il y aura même des écoles internationales.
B Génial ! Je voudrais aussi faire des études à l'étranger ! Est-ce qu'il y aura aussi des entreprises ?
A Oui, des professionnels présentent les métiers et les domaines en développement.
B Où est-ce qu'on peut obtenir le programme des conférences ?
A C'est sur le site Internet, avec la liste des stands.
B Alors on regarde tout de suite !

Klett
© Ernst Klett Verlag GmbH, Stuttgart 2010.
Alle Rechte vorbehalten. ISBN 978-3-12-523044-6

23 UN STAGE

LÖSUNG

Beispieldialog

B Tiens, une annonce pour une formation ?
A Non, c'est l'annonce de « La Nouvelle République » pour un stage au journal.
B Et qu'est-ce qu'on fait pendant ce stage ?
A On découvre les coulisses d'une rédaction et le métier de journaliste.
B Alors on écrit des articles avec les journalistes ?
A Oui, on réalise une édition spéciale, « La République des lycéens ».
B Comment est-ce qu'on pose sa candidature ?
A Il faut avoir entre 15 et 18 ans et envoyer un CV avec photo, une lettre de motivation, un article de 3 000 mots sur un sujet d'actualité et une liste de 10 sujets importants pour cette année.
B Tout ça ! Mais alors, il faut déjà être un journaliste professionnel !! Tu crois que je peux essayer ?
A Bien sûr ! Il faut être dynamique et motivé, tu l'es. Et tu te passionnes pour l'actualité !
B Bon, quelles sont les dates du stage ?
A C'est pendant les vacances de Pâques et il faut envoyer sa candidature avant le 20 décembre.
B Alors je vais écrire l'article. Tu pourras le lire ?
A Pas de problème !

Klett
© Ernst Klett Verlag GmbH, Stuttgart 2010.
Alle Rechte vorbehalten. ISBN 978-3-12-523044-6

24 UNE STATUE

LÖSUNG

Beispieldialog

B Qu'est-ce que tu lis ?
A Un article sur la statue de la liberté. L'article dit qu'il y en a une à Paris aussi.
B Ah bon ? Tu savais ça, toi ?
A Non, je viens de le lire !
B Et pourquoi est-ce qu'il a une statue américaine à Paris ? Depuis quand ?
A Depuis 1889 ! Des Français qui vivaient en Amérique l'ont offerte à la France pour fêter les cent ans de la Révolution.
B Les deux statues ont la même taille ?
A Mais non ! Si elle était aussi haute que la statue américaine, on la verrait ! La statue parisienne est beaucoup plus petite.
B Combien mesure-t-elle ?
A 11,50 m. Et la statue américaine mesure 46,50 m.
B Ah oui, elle est quatre fois plus petite que sa grande sœur ! Où est-ce qu'on peut la voir ?
A Il faut aller au pont de Grenelle, dans le 15e arrondissement.
B On va faire un tour là-bas demain ?
A D'accord !

Klett
© Ernst Klett Verlag GmbH, Stuttgart 2010.
Alle Rechte vorbehalten. ISBN 978-3-12-523044-6

1 STARVILLA A

A la télé, vous avez vu une annonce pour un casting.
On recherche des jeunes chanteurs pour une nouvelle émission où des stars leur donneront des cours de musique, de théâtre et de danse pendant 9 mois. Pour le casting, qui passera à la télé, les jeunes devront chanter, dire un texte et danser.
Les candidats qui seront choisis habiteront dans une grande villa à Monaco, où ils suivront leurs cours, et on les filmera 24 heures sur 24. Chaque semaine, le plus mauvais élève devra partir. Le/La meilleur(e) pourra faire un CD et un clip.

POUR

Choisissez un des rôles suivants.

1. **Le/La responsable du casting, qui veut choisir des jeunes branchés et trouve que le concept de l'émission est génial.**
2. **Tarek, un de vos copains, qui écrit et chante des chansons depuis longtemps. S'il participe, il va peut-être pouvoir faire un CD !**
3. **Chloé, une de vos copines, qui rêve de rencontrer des stars et d'aller à Monaco. En plus, elle fait du théâtre et elle est très drôle. Alors elle a peut-être une chance de devenir célèbre grâce à cette émission.**

Klett
© Ernst Klett Verlag GmbH, Stuttgart 2010.
Alle Rechte vorbehalten. ISBN 978-3-12-523044-6

1 STARVILLA B

A la télé, vous avez vu une annonce pour un casting.
On recherche des jeunes chanteurs pour une nouvelle émission où des stars leur donneront des cours de musique, de théâtre et de danse pendant 9 mois. Pour le casting, qui passera à la télé, les jeunes devront chanter, dire un texte et danser.
Les candidats qui seront choisis habiteront dans une grande villa à Monaco, où ils suivront leurs cours, et on les filmera 24 heures sur 24. Chaque semaine, le plus mauvais élève devra partir. Le/La meilleur(e) pourra faire un CD et un clip.

CONTRE

Choisissez un des rôles suivants.

1. **Votre père/mère, qui trouve que la télé-réalité, c'est stupide, et qui aurait honte de participer à une émission comme ça.**
2. **Vous, qui ne voulez pas qu'on se moque de vos amis s'ils participent au casting : votre copain Tarek chante, mais il ne sait pas danser. Votre copine Chloé fait du théâtre, mais elle ne sait pas chanter...**
3. **Votre prof de musique, qui vous explique que l'émission n'est pas sérieuse : les stars ne sont pas des vrais musiciens et les jeunes n'apprendront rien.**

Klett
© Ernst Klett Verlag GmbH, Stuttgart 2010.
Alle Rechte vorbehalten. ISBN 978-3-12-523044-6

2 LE CHIEN A

Madame Lunel, une dame âgée, habite seule dans son appartement et s'ennuie beaucoup. Dans le journal, son petit-fils Maxime a lu un article d'une association de protection des animaux sur les chiens abandonnés. Sa grand-mère pourrait peut-être en adopter un ? Madame Lunel et Maxime vont à l'association, où le responsable leur montre des chiens et des chats. Maxime voit Roxy, un labrador super mignon...

POUR

Choisissez un des rôles suivants.

1. **Maxime qui adore les chiens. Mais ses parents n'en veulent pas. Alors un chien chez sa grand-mère, ça pourrait être une solution... pour elle et pour lui !**
2. **Le/La responsable de l'association qui aimerait que tous les animaux soient adoptés. Il connaît madame Lunel, qu'il trouve très sympa. En plus, Roxy est un chien adorable.**
3. **Roxy, qui a déjà 10 ans et aimerait avoir une nouvelle maison.**

Klett
© Ernst Klett Verlag GmbH, Stuttgart 2010.
Alle Rechte vorbehalten. ISBN 978-3-12-523044-6

2 LE CHIEN B

Madame Lunel, une dame âgée, habite seule dans son appartement et s'ennuie beaucoup. Dans le journal, son petit-fils Maxime a lu un article d'une association de protection des animaux sur les chiens abandonnés. Sa grand-mère pourrait peut-être en adopter un ? Madame Lunel et Maxime vont à l'association, où le responsable leur montre des chiens et des chats. Maxime voit Roxy, un labrador super mignon...

CONTRE

Choisissez un des rôles suivants.

1. **La petite-fille de madame Lunel, qui est allergique aux chiens. Si sa grand-mère en adopte un, elle ne pourra plus aller la voir. En plus, un chien en appartement, ce n'est pas l'idéal ! Son cousin Maxime ne pense qu'à lui-même. Et Roxy a déjà 10 ans...**
2. **Un(e) voisin(e) de votre grand-mère qui ne supporte pas le bruit. En plus, un chien a déjà essayé de l'attaquer.**
3. **Un chat qui veut être adopté par madame Lunel. Il la trouve sympa, et pense que les chats, c'est mieux que les chiens. En plus, il est beaucoup plus jeune que Roxy !**

Klett
© Ernst Klett Verlag GmbH, Stuttgart 2010.
Alle Rechte vorbehalten. ISBN 978-3-12-523044-6

3 PÉTROLE ET PLASTIQUE A

Loïc et ses parents habitent à Dunkerque, où son père travaille dans une raffinerie. Ce travail est souvent un sujet de discussion dans la famille, car Loïc, amoureux des oiseaux, passe ses dimanches sur les plages de la mer du Nord avec son club de nature et voit les conséquences du pétrole sur l'environnement. Mais le travail du père permet de nourrir toute la famille…

POUR

Choisissez un des rôles suivants.

1. **Le père, qui est très fier de son travail. Il explique à son fils que le pétrole est nécessaire pour fabriquer beaucoup de choses que Loïc utilise tous les jours.**
2. **Le directeur de la raffinerie, qui explique que son entreprise fabrique du plastique qui est exporté dans le monde entier. La raffinerie donne du travail à tout le monde dans une région assez pauvre. Elle permet à Dunkerque et à sa région d'être dans une situation économique stable.**
3. **La directrice d'une usine de fabrication de bottes en plastique. Cette usine, où beaucoup d'habitants de Dunkerque travaillent aussi, est cliente de la raffinerie et devrait fermer ses portes si la raffinerie n'existait plus. Dans la région, tout monde vit du pétrole !**

Klett

© Ernst Klett Verlag GmbH, Stuttgart 2010.
Alle Rechte vorbehalten. ISBN 978-3-12-523044-6

3 PÉTROLE ET PLASTIQUE B

Loïc et ses parents habitent à Dunkerque, où son père travaille dans une raffinerie. Ce travail est souvent un sujet de discussion dans la famille, car Loïc, amoureux des oiseaux, passe ses dimanches sur les plages de la mer du Nord avec son club de nature et voit les conséquences du pétrole sur l'environnement. Mais le travail du père permet de nourrir toute la famille…

CONTRE

Choisissez un des rôles suivants.

1. **Loïc, qui ne peut pas supporter de voir un oiseau mort et la nature détruite à cause du pétrole.**
2. **La mère de Loïc, très inquiète à cause de son mari qui est très malade à cause de son travail. Elle préférerait qu'il change de travail.**
3. **Un copain/Une copine du club de nature de Loïc, qui est très engagé(e) dans la protection de l'environnement et rappelle que le pétrole est responsable du réchauffement climatique. Il veut qu'on ferme les raffineries et qu'on utilise des énergies alternatives pour le chauffage et les voitures.**

Klett

© Ernst Klett Verlag GmbH, Stuttgart 2010.
Alle Rechte vorbehalten. ISBN 978-3-12-523044-6

4 JEUX VIDÉO A

Dans un magazine de jeux vidéo, on peut lire une annonce de l'entreprise Dreamworld : pour tester ses nouveaux jeux vidéo, elle cherche des jeunes de 10 à 18 ans. Les participants recevront gratuitement trois jeux vidéo de leur choix et découvriront le héros du prochain jeu d'aventure interactif de Dreamworld…

POUR

Choisissez un des rôles suivants.

1. **Un(e) jeune passionné(e) par les jeux vidéo, qui rêve de travailler dans ce domaine après son bac et aimerait faire un stage chez Dreamworld.**
2. **La directrice de Dreamworld, qui explique que son entreprise a créé beaucoup d'emplois ces dernières années, et qu'elle veut aussi trouver des jeunes qui pourront plus tard créer des nouveaux jeux.**
3. **Le/La responsable de la communication de Dreamworld, qui explique que les jeux vidéo aident les jeunes à oublier leurs soucis. En plus, les jeux interactifs permettent aux jeunes de se rencontrer. Et le prochain jeu d'aventure va être génial !**

Klett

© Ernst Klett Verlag GmbH, Stuttgart 2010.
Alle Rechte vorbehalten. ISBN 978-3-12-523044-6

4 JEUX VIDÉO B

Dans un magazine de jeux vidéo, on peut lire une annonce de l'entreprise Dreamworld : pour tester ses nouveaux jeux vidéo, elle cherche des jeunes de 10 à 18 ans. Les participants recevront gratuitement trois jeux vidéo de leur choix et découvriront le héros du prochain jeu d'aventure interactif de Dreamworld…

CONTRE

Choisissez un des rôles suivants.

1. **Le père/La mère d'un(e) jeune qui pense que son fils/sa fille passe trop de temps à jouer et ne veut pas qu'il/elle réponde à l'annonce.**
2. **Un autre parent qui pense que l'annonce n'est pas sérieuse parce que les participants vont travailler gratuitement pour Dreamworld. En plus, la plupart des jeux sont fabriqués en Chine, alors il trouve que c'est nul d'en acheter ou d'aider les entreprises à créer des nouveaux jeux.**
3. **Un(e) psychologue qui reçoit beaucoup de jeunes ayant des problèmes à cause des jeux vidéo. Il connaît les jeux de Dreamworld et explique pourquoi ils sont nuls et, pour la plupart, violents.**

Klett

© Ernst Klett Verlag GmbH, Stuttgart 2010.
Alle Rechte vorbehalten. ISBN 978-3-12-523044-6

5 LE RESTO BIO A

Un restaurant vient d'ouvrir dans le quartier. Il s'appelle « Le resto bio » et propose de la cuisine biologique. A côté du restaurant, on trouve aussi un magasin avec quelques produits qu'utilise le restaurant et des livres sur l'agriculture biologique, sur comment manger et vivre en bonne santé toute la vie. Aujourd'hui, le propriétaire et sa femme, qui s'occupe du magasin, ont invité les habitants du quartier à une petite fête pour présenter le restaurant.

POUR

Choisissez un des rôles suivants.

1. **Le propriétaire du restaurant, qui espère que son idée d'un restaurant avec un magasin va avoir du succès et que, comme le bio est à la mode, il va avoir beaucoup de clients.**
2. **Le chef cuisinier, qui explique que la cuisine bio est la meilleure : c'est bon à manger et c'est bon pour la santé ! Il propose des menus avec les vitamines nécessaires pour chaque classe d'âge... à partir de 20 euros, ce n'est pas cher !**
3. **Un(e) jeune écolo qui a beaucoup parlé du nouveau restaurant à ses voisins. Pour lui, le bio respecte les animaux et protège l'environnement et la biodiversité.**

Klett

© Ernst Klett Verlag GmbH, Stuttgart 2010.
Alle Rechte vorbehalten. ISBN 978-3-12-523044-6

5 LE RESTO BIO B

Un restaurant vient d'ouvrir dans le quartier. Il s'appelle « Le resto bio » et propose de la cuisine biologique. A côté du restaurant, on trouve aussi un magasin avec quelques produits qu'utilise le restaurant et des livres sur l'agriculture biologique, sur comment manger et vivre en bonne santé toute la vie. Aujourd'hui, le propriétaire et sa femme, qui s'occupe du magasin, ont invité les habitants du quartier à une petite fête pour présenter le restaurant.

CONTRE

Choisissez un des rôles suivants.

1. **Un(e) habitant(e) du quartier qui aimerait aller plus souvent au restaurant, mais qui a quatre enfants et trouve que le bio, c'est trop cher, surtout au resto !**
2. **Le propriétaire d'un autre restaurant du quartier qui s'inquiète beaucoup : est-ce que ses clients vont continuer à venir dans son restaurant ?**
3. **Un(e) voisin (e) qui en a marre du bio : après les produits bio dans les supermarchés et les magasins bio, maintenant, les restaurants bio ? Non, c'est trop ! La planète ne va pas mourir si on fait autre chose que du bio.**

Klett

© Ernst Klett Verlag GmbH, Stuttgart 2010.
Alle Rechte vorbehalten. ISBN 978-3-12-523044-6

6 LES ÉLECTIONS A

Bientôt les élections. Au lycée, on en discute beaucoup car le maire actuel, les candidats de sa liste et leurs concurrents vont venir se présenter à la MJC. Ils veulent parler aux jeunes qui vont avoir 18 ans et leur expliquer qu'il faut aller voter. Beaucoup de jeunes ne s'intéressent pas à la politique et pensent qu'ils vont s'ennuyer. Alors les profs du lycée demandent aux élèves de s'informer sur les élections et d'aller écouter les candidats.

POUR

Choisissez un des rôles suivants.

1. **Un(e) prof d'histoire, qui parle toujours de la Révolution et pense que le peuple est responsable de son avenir. Il explique que voter empêche les dictatures.**
2. **Un(e) lycéen(ne), membre d'un parti, qui dit que le vote est un pouvoir : il permet de critiquer les responsables politiques et d'en changer !**
3. **Le maire actuel, qui, pour que les jeunes aillent voter pour sa liste, rappelle tout ce qu'il a fait pour eux et pour la ville.**

Klett

© Ernst Klett Verlag GmbH, Stuttgart 2010.
Alle Rechte vorbehalten. ISBN 978-3-12-523044-6

6 LES ÉLECTIONS B

Bientôt les élections. Au lycée, on en discute beaucoup car le maire actuel, les candidats de sa liste et leurs concurrents vont venir se présenter à la MJC. Ils veulent parler aux jeunes qui vont avoir 18 ans et leur expliquer qu'il faut aller voter. Beaucoup de jeunes ne s'intéressent pas à la politique et pensent qu'ils vont s'ennuyer. Alors les profs du lycée demandent aux élèves de s'informer sur les élections et d'aller écouter les candidats.

CONTRE

Choisissez un des rôles suivants.

1. **Le père/La mère d'une lycéenne, qui ne croit pas les responsables politiques. Ils sont tous pareils : ils veulent être élus seulement pour obtenir le pouvoir et ne s'intéressent pas vraiment aux problèmes de la population.**
2. **Un(e) lycéen(ne) qui trouve que le maire n'a rien fait pour les jeunes et que ses concurrents n'ont pas non plus de programme pour eux. Alors pourquoi est-ce qu'il irait voter ?**
3. **Un(e) rebelle qui pense que voter, c'est être d'accord avec le système, accepter le pouvoir de l'argent et que la politique, ça ne sert à rien.**

Klett

© Ernst Klett Verlag GmbH, Stuttgart 2010.
Alle Rechte vorbehalten. ISBN 978-3-12-523044-6

7 SUR L'IMMIGRATION A

Aujourd'hui, le journaliste de l'émission de radio « Pour faire le point » a invité différentes personnes pour parler de la politique d'immigration du gouvernement. Il explique que les pays riches n'aident pas assez les pays pauvres et que beaucoup d'emplois ne sont acceptés que par des immigrés. Puis il demande aux invités si, comme le souhaite le gouvernement, la France doit accueillir moins d'immigrés.

POUR

Choisissez un des rôles suivants.

1. **Un employeur qui pense que certains immigrés ne veulent pas travailler et qu'ils sont contents d'être au chômage. Il veut qu'on choisisse les immigrés en fonction de leur profession et des besoins de la France.**
2. **La femme d'un immigré qui parle par téléphone avec le journaliste et les autres invités. Elle est restée seule au pays avec ses quatre enfants. Son mari lui envoie de l'argent, mais la vie est très difficile pour elle.**
3. **Le/La voisin/e d'une famille d'immigrés : pour elle, les immigrés prennent le travail des Français et ne veulent pas s'intégrer. Il/Elle ne comprend pas pourquoi certaines femmes portent le voile et trouve que l'islam est une religion dangereuse à cause des islamistes.**

Klett
© Ernst Klett Verlag GmbH, Stuttgart 2010.
Alle Rechte vorbehalten. ISBN 978-3-12-523044-6

7 SUR L'IMMIGRATION B

Aujourd'hui, le journaliste de l'émission de radio « Pour faire le point » a invité différentes personnes pour parler de la politique d'immigration du gouvernement. Il explique que les pays riches n'aident pas assez les pays pauvres et que beaucoup d'emplois ne sont acceptés que par des immigrés. Puis il demande aux invités si, comme le souhaite le gouvernement, la France doit accueillir moins d'immigrés.

CONTRE

Choisissez un des rôles suivants.

1. **Un jeune immigré africain qui envoie tous les mois de l'argent à sa famille en Afrique. Grâce à lui, ses frères et sœurs peuvent aller à l'école.**
2. **Un sociologue, qui explique que les immigrés sont souvent jeunes, ce qui est bon pour l'économie des pays où ils viennent. Il rappelle aussi que beaucoup de gens quittent leur pays parce qu'ils y sont en danger.**
3. **Un(e) jeune qui a beaucoup d'amis de toutes les origines et qui trouve que, grâce aux immigrés et à leurs enfants, la culture française est plus riche.**

Klett
© Ernst Klett Verlag GmbH, Stuttgart 2010.
Alle Rechte vorbehalten. ISBN 978-3-12-523044-6

8 VIVRE EN VILLE A

L'entreprise de madame Souvras lui propose un poste intéressant. Mais pour ce travail, la famille Souvras doit déménager et quitter son petit village de Normandie pour aller habiter dans la banlieue parisienne, à Champigny-sur-Marne.
En Normandie, la famille vit en pleine campagne, au milieu des vaches.

POUR

Choisissez un des rôles suivants.

1. **Madame Souvras, pour qui ce nouveau poste est la chance de sa vie. Elle va enfin pouvoir être la chef d'une équipe et avoir un meilleur salaire. Et puis, c'est génial d'habiter tout près de Paris !**
2. **Laurie Souvras, sa fille, qui a 17 ans et rêve d'aller souvent au ciné, de voir plein d'expositions, de faire du shopping après les cours et d'aller en boîte tous les samedis soirs.**
3. **Un agent immobilier de Champigny-sur-Marne qui a déjà contacté madame Souvras parce qu'il a une grande maison à vendre.**

Klett
© Ernst Klett Verlag GmbH, Stuttgart 2010.
Alle Rechte vorbehalten. ISBN 978-3-12-523044-6

8 VIVRE EN VILLE B

L'entreprise de madame Souvras lui propose un poste intéressant. Mais pour ce travail, la famille Souvras doit déménager et quitter son petit village de Normandie pour aller habiter dans la banlieue parisienne, à Champigny-sur-Marne.
En Normandie, la famille vit en pleine campagne, au milieu des vaches.

CONTRE

Choisissez un des rôles suivants.

1. **Monsieur Souvras, qui adore la vie à la campagne et qui ne supporte pas les gens des villes, la pollution. Il déteste Paris et ne peut pas imaginer vivre en banlieue.**
2. **La mère de madame Souvras, qui habite dans le village et n'a pas envie que ses petits-enfants aillent vivre loin d'elle.**
3. **Un agriculteur, ami de monsieur Souvras, avec qui il va souvent boire un verre et pêcher.**

Klett
© Ernst Klett Verlag GmbH, Stuttgart 2010.
Alle Rechte vorbehalten. ISBN 978-3-12-523044-6

Le vocabulaire pour exprimer son opinion

Exprimer ses idées

A mon avis, …

Je pense que / Je trouve que / Je crois que / Je suis sûr(e)/certain(e) que / J'ai l'impression que } **+ indicatif**

Je ne pense pas que / Je ne trouve pas que / Je ne crois pas que / Je ne suis pas sûr(e)/certain(e) que / Je n'ai pas l'impression que } **+ subjonctif**

Donner un avis pour qc

Absolument./Exactement. C'est correct/exact.
Tu as raison/Je suis d'accord avec toi/vous car…
Je suis { de ton/votre avis parce que… / du même avis que… parce que…
C'est une bonne idée car…
C'est vrai que…
L'avantage, c'est que…

Je trouve important/intéressant/nécessaire/bien que / Ça me plaît/J'aime que / Je suis content(e) que } **+ subjonctif**

Donner un avis contre qc

Ce n'est pas correct/exact.
Je ne suis pas (du tout) d'accord avec toi/vous car…
Je ne suis pas de ton/votre/cet avis parce que…
Je trouve que c'est faux parce que…
Ce n'est pas une bonne idée car…
Ce n'est pas vrai que…
L'inconvénient, c'est que…
Je m'oppose à cette idée car je refuse de…

Je trouve dommage/bizarre/stupide/bête que / Il est impossible que / Je déteste que / J'ai peur que } **+ subjonctif**

Exprimer des doutes

Je me demande si…
Vraiment ?
Sûrement/Certainement, mais…
Il est possible que **(+ subj.)**…, mais j'ai le sentiment que **(+ ind.)**…
Et alors ? / Et après ? / Qu'est-ce que ça change ?
Ce n'est pas important/grave si…
Ça m'étonne que **(+ subj.)**
Tu penses/Vous pensez vraiment que… ?
Tu es sûr(e)/certain(e) que… ?
Tu ne crois pas/Vous ne croyez pas que… ?

Structurer ses arguments

pour que/bien que/sans que **(+ subj.)**
Premièrement,… Deuxièmement,… Enfin,…
D'abord,… Ensuite/Puis,… C'est pourquoi/Alors.…
C'est pour cette raison que… /Voilà pourquoi…
Pour résumer/En résumé/Finalement, on peut dire que…

Préciser ses idées

La question est…
Sur ce sujet/ce thème/ce point/cette question,…
En général, …, surtout/en particulier/par exemple…
D'un côté, … De l'autre,…
Ce qui est important/Le principal, c'est…

Le vocabulaire pour animer une discussion

Je suis… et je vous présente…
Nous allons parler de…
D'abord, nous allons nous poser cette question : …
Ensuite, nous allons nous demander si…
Enfin, je vous demanderai si…
Nous t'écoutons/vous écoutons.
Merci pour ces explications.
C'est une idée intéressante.
Ce sont de bons arguments.
Pour résumer/En résumé/Finalement,…
Pour terminer notre discussion, on peut dire que…

Et toi, quel est ton avis ?
Et vous, madame/monsieur, quel est votre opinion ?
Que penses-tu/pensez-vous de… ?
Tu trouves/Vous trouvez aussi que… ?
Maintenant, nous allons demander à … s'il/elle est d'accord avec…
Et toi, es-tu/Et vous, êtes-vous du même avis que… ?
Est-ce que vous croyez comme… que… ?
As-tu/Avez-vous un autre avis ?
Est-ce que vous voulez dire/ajouter quelque chose/autre chose ?